novum premium

Armand Luciani

Konkrete Schritte zur Glückseligkeit

novum premium

Bibliografische Information der Deutschen Nationalbibliothek: Die Deutsche Nationalbibliothek verzeichnet diese Publikation in der Deutschen Nationalbibliografie. Detaillierte bibliografische Daten sind im Internet über http://www.d-nb.de abrufbar.

ISBN 978-3-903067-43-1
Lektorat: Stefanie Krüger
Umschlagfoto:
Ig0rzh | Dreamstime.com
Umschlaggestaltung, Layout & Satz:
novum Verlag
Innenabbildungen:
Seite 53: Armand Luciani,
Seite 173: © Franky | Dreamstime.com

Gedruckt in der Europäischen Union auf umweltfreundlichem, chlor- und säurefrei gebleichtem Papier.

www.novumverlag.com

Inhaltsverzeichnis

Teil 2

Vorwort

Ein Buch schreibt man an erster Stelle, weil man etwas mitzuteilen hat und seine Mitmenschen auf einige Aspekte aufmerksam machen will. Um so viele Menschen wie möglich zu erreichen, habe ich mich entschlossen, dieses Buch drucken zu lassen.

Ich möchte klarstellen, dass ich niemandem meine Überzeugungen aufzwingen will. Natürlich bin ich von dem, was ich schreibe, voll und ganz überzeugt, sonst würde ich dies hier erst gar nicht schreiben. Dennoch soll das nicht bedeuten, dass Sie alles, was ich sage, so hinnehmen sollen. Bleiben Sie kritisch, nehmen Sie nur das an, was für Sie Sinn ergibt. Wenn meine Worte sich gut anhören und Sie ein gutes Gefühl dabei verspüren, dann ist das meist der Garant, dass diese Aussagen für Sie Sinn machen und richtig sind.

Es geht mir darum, Ihnen einen Weg zu beschreiben, wie Sie glücklich werden. Gleichzeitig möchte ich zeigen, dass man einen spirituellen Weg gehen kann, ohne auf alles zu verzichten. Ganz im Gegenteil, man kann auf diesem Weg sehr viel Spaß und Freude haben. Ich behaupte sogar, dass die Essenz des spirituellen Lebens darin besteht, Freude und Spaß am Leben zu haben und sich gleichzeitig sehr bewußt zu sein, was im Leben vor sich geht.

Es geht also nicht darum, das Leben durch eine rosarote Brille zu sehen und alles Negative nicht wahrhaben zu wollen, sondern sich eine Lebenseinstellung anzueignen, die Ihnen ermöglicht, Ihr Leben voll und ganz zu genießen.

Mehr als auf steife Behauptungen zu verharren, möchte ich Fragen stellen. Aber ich kann mir vorstellen, wie mühsam es ist, ein Buch zu lesen, in dem nur Fragen gestellt werden. Abgesehen davon gibt es auch viele Behauptungen, die ich nicht infrage stellen werde, weil sie für mich Sinn ergeben und weil sie meine Ideen unterstützen. Dennoch ist dies ein Versuch, Denkanstöße zu vermitteln, mehr als steife Behauptungen zu unterbreiten. Es ist mir wichtig, dass Sie sich Gedanken machen, wie Sie meine Schritte in Ihrem Leben umsetzen können.

Meine Bitte an Sie: Ich empfehle Ihnen, das Buch nur dann zu lesen, wenn Sie sich in einem ruhigen Gemütszustand befinden. Sollten Sie verärgert oder tief enttäuscht sein, sollten Sie das Gefühl haben, nichts, aber rein gar nichts laufe heute so, wie Sie es wollen, dann würde ich Sie bitten, mit dem Lesen aufzuhören oder erst gar nicht zu beginnen. Nehmen Sie das Lesen des Buches erst dann wieder auf, wenn der Ärger verflogen ist, denn wenn man verärgert ist, kann man schlecht rational überlegen. Vor allem aber wenn negative Gefühle und negative Gedanken Sie noch im Griff haben, werden Sie abgelenkt und ich bin mir ziemlich sicher, dass meine Worte Sie nicht erreichen werden.

Ich freue mich, wenn dieses Buch nicht nur interessierte Leser und Klienten anspricht, sondern auch andere Psychologen-Kollegen motiviert, mit meiner Methode zu arbeiten. Einfach nur, weil sie sehr erfolgreich ist.

Ich möchte betonen, dass ich nicht im Geringsten die Absicht habe, dieses Buch auf eine diskriminierende Art und Weise Frauen gegenüber zu schreiben. Ich habe den höchsten Respekt vor Frauen und es käme mir nicht in den Sinn, einen Mann einer Frau vorzuziehen. Sollte ich also von „ihm" schreiben, dann ist selbstverständlich er oder sie gemeint. Ich finde nur, es liest sich schlecht, wenn da immer wieder von „ihm/ihr" oder „er/sie" die Rede ist. Andererseits abwechselnd von „ihr" und „ihm" zu schreiben, kann einen durcheinanderbringen.

Dieses Buches soll eine Therapie nicht ersetzen!

Ich wünsche Ihnen viel Spaß beim Lesen.

Einige Worte über mich

Während 25 Jahren meines Lebens habe ich bei namhaften Banken in Luxemburg als Wertpapierhändler und Portfoliomanager gearbeitet. In den ersten Jahren war mir oft mulmig zumute, weil wir mit erstaunlich großen Geldsummen handelten. Mit den Jahren gewöhnte ich mich daran und die Geldmassen, mit denen wir handelten, wurden stetig größer. Es gab Zeiten, in denen wir mit mehreren Milliarden Euro an einem Tag handelten. Ein einzelnes Ticket konnte sogar den stattlichen Betrag von etwa hundert Millionen Euro betragen! Stellen Sie sich vor, ich hätte mich um ein Prozent geirrt, daraus hätte sich ein Verlust von einer Million Euro ergeben. Ein Irrtum von „nur" 0,1 Prozent wäre immer noch ein Verlust von hunderttausend Euro gewesen.

Ich hatte zu dieser Zeit nur ein Ziel, Geld verdienen für die Bank und für mich selbst. Ich war ein überzeugter Materialist. Ich wurde darauf gedrillt, Geld zu verdienen, aber das Schlimmste war, ich habe mich zu einem großen Teil selbst dazu gedrillt, bis zu meinem vierzigsten Geburtstag.

An dem Tag ist mir bewusst geworden, wie schnell die Zeit verfliegt. Dabei habe ich mir eine für mich sehr wichtige Frage gestellt: Bin ich mit meinem Leben zufrieden? Die Antwort war ein klares Nein. Ich spürte eine innere Leere, wusste aber nicht, wieso. Obwohl es mir finanziell sehr gut ging und mir die Arbeit sehr gefiel, kamen mir immer wieder solche Ausdrücke wie TGIF (thanks God it's Friday) in den Sinn, also „Gott sei Dank, es ist Freitag". Irgendwann kam ich zu der Überlegung, da stimmt etwas nicht. Es kann doch nicht sein, dass ich mich fünf Tage in der Woche nur noch auf das Wochenende freue.

Als ich eines Tages im Internet surfte, bin ich auf eine Seite gestoßen, die mein Leben verändern sollte. Einige Menschen diskutierten offen, welche Art und Weise die Beste sei, sich das Leben zu nehmen. Ich war erstaunt, dass manche Menschen solche schwerwiegenden Probleme haben könnten. In meinem Leben verlief alles mehr oder weniger glatt und ich hatte nie mit solch extremen Problemen zu kämpfen. Der erste Gedanke war: Diese Leute sind verrückt. Dennoch wollte ich mich nicht einfach so von ihnen abwenden, denn ich sagte mir, es ist viel zu einfach, jemanden als verrückt abzustempeln, ohne sich die Mühe zu geben, herauszufinden, welche Probleme wirklich dahinterstecken. Mir drängte sich ein Bild auf. Es war mir, als wenn ich an einem Fluss spazieren ginge und ich würde jemanden sehen, der dabei wäre, zu ertrinken. Ich sagte mir, in dem Falle würde ich mich auch nicht abwenden. Also habe ich versucht, den Menschen zu helfen. So war ich über ein Jahr jeden Tag drei bis vier Stunden in dem Forum, um einen kleinen Beitrag an Hilfestellung zu leisten.

Einige Leute warnten mich, ich solle mich nicht von negativen Gedanken der potenziellen Selbstmörder herunterziehen lassen. Manchmal hatte ich wirklich das Gefühl, ich wäre in der Hölle. Es war, als konnte ich mir bildlich vorstellen, welche Qualen die Menschen leiden mussten. Nicht meine, weil ich selbst nicht litt oder wenigstens nicht in dem Maße wie diese Leute. Ich hatte eher das Gefühl, ich würde ihnen einen Besuch in ihren eigenen Höllen abstatten. Oft habe ich mir vorgestellt, dass wenn die Menschen sich so sehen könnten, wie ich es tat, sie genauso schnell wieder aus ihren Höllen herausspazieren könnten, wie ich es vermochte. Während dieser Zeit in den Foren und Chats habe ich viel gelernt.

Meine Intuition erstaunte und faszinierte mich. Ich hatte zum Beispiel zuvor weder Bücher noch Fachzeitschriften über selbstverletzendes Verhalten (SVV) gelesen. Ich wusste nicht einmal, dass Menschen sich derartig benehmen konnten. Aber ich verstand intuitiv, wieso manche Menschen geneigt waren, sich selbst zu verletzen.

Der starke Wunsch, diesen Menschen aus ihrer Misere zu helfen und die Gewissheit, ich hätte die Fähigkeit dazu, haben mich dazu gebracht, ein akademisches Studium der Psychologie zu absolvieren. Ich entschied mich für eine englische Universität.

Seit ich 2009 meine eigene Praxis für Psychotherapie eröffnet habe, gibt es kein TGIF mehr. Im Gegenteil, wenn ich sonntagmittags auf meinen Terminkalender schaue, dann freue ich mich schon auf den Montag, wenn ich mit Frau X oder Herrn Y interessante Gespräche führen kann.

Einführung

Ich habe dieses Buch in zwei Bestandteile aufgeteilt, einen psychologischen und einen spirituellen Teil.

Im psychologischen Teil geht es mir darum konkrete Hinweise zu geben, wie man glücklich werden kann. Ich werde einige Probleme meiner Klienten schildern, die Ihnen zeigen sollen, wie wir Menschen uns das Leben manchmal selbst schwer machen wegen kleiner Denkfehler. Unter anderem möchte ich auf einige falsche Glaubenssätze hinweisen. Bei einigen weiß jeder Bescheid, dass eine gewisse Vorgehensweise nicht glücklich macht und dennoch, wenn man sieht, was in der Welt passiert, dann fragt man sich wieso, einige hundert Millionen Menschen ihr Leben nach einem falschen Glaubenssatz aufbauen. Zehn konkrete Schritte werden aufgeführt, die sich in meiner Praxis bewährt haben und die auch Ihnen helfen sollen, glücklich oder noch glücklicher in Ihrem Leben zu werden.

Der zweite Teil verläuft ähnlich, zuerst will ich auf einige Gegebenheiten hinweisen, die uns hindern könnten, glücklich zu werden. Danach werde ich zwei zusätzliche Schritte angeben, die, wenn Sie sie umsetzen, ihr Leben unweigerlich bereichern werden.

TEIL 1

Psychologischer Teil

Meine Methode

Ein Psychologe oder ein Psychotherapeut wird sich in den meisten Fällen monatelang damit beschäftigen, was in der Vergangenheit des Klienten geschehen ist, um die Ursache eines psychischen Problems herauszufinden. Vor allem Psychoanalysten bohren bei ihren Patienten bis in die früheste Kindheit hinein, um zu analysieren, was der Patient Schreckliches erlebt hat (Katharsis).

Das Problem ist, man kann die Vergangenheit nicht mehr ändern. Man kann sie akzeptieren oder auch nicht.

In anderen Worten: Sollte man nach langem Suchen herausfinden, was der Auslöser zur Depression war, so bedeutet das noch lange nicht, dass der Patient die Vergangenheit ruhen lassen kann. Es könnte durchaus sein, dass er ein negatives Erlebnis nicht verarbeiten kann oder es einfach nicht verarbeiten will. Manchmal ist es vielleicht besser, man wühlt einige Sachen erst gar nicht auf.

Manche Menschen brauchen sehr viel Energie, um das Erlebte zu verdrängen. Das ist ein Schutzmechanismus und zugleich ein Versuch, mit dem Leben klarzukommen.

Meine Idee ist daher, einen Klienten in solch einen Gemütszustand zu bringen, dass er die Vergangenheit ruhen und loslassen kann.

Darum sehe ich meine Hauptaufgabe als Psychologe, meinen Klient in einen positiven Gemütszustand zu bringen. Wenn er mit seinem Leben wirklich zufrieden ist, wenn er in Harmonie mit sich selbst und seinen Mitmenschen ist, lösen sich seine Probleme von selbst. Meist braucht man dann gar nicht lange in der Vergangenheit herumzuwühlen.

Mit diesem Konzept arbeite ich mit meinen Klienten. Das positive Resultat ist mehr als erstaunlich.

Derjenige, der mich auf die Idee brachte, eine neue Methode anzuwenden, war Mario. Dieser Mann war schwer depressiv. Sein Hausarzt hatte ihm Antidepressiva verordnet und gleichzeitig empfohlen, einen Psychologen aufzusuchen. Er litt unter Panikattacken, hatte keine Lust mehr, am Leben teilzunehmen, keine Kraft mehr und am liebsten hätte er sich in eine dunkle Ecke verkrochen oder sich ins Bett gelegt und nur noch die Decke über seinen Kopf gezogen.

Als ich Mario das erste Mal sah, war mein erster Gedanke: Dieser junge Mann sieht gar nicht aus, als hätte er schwere Depressionen, so wie sein Hausarzt diagnostiziert hatte. Ein netter junger Mann mit einem freundlichen Lächeln erzählte mir von seinen Depressionen, von seinen Panikattacken und von der Lustlosigkeit in seinem Leben. Obwohl er erst Anfang 30 war, hatte er keine Lust mehr auf Sexualität.

Natürlich sieht man einem Menschen seine Depression selten an, auch wenn es bei einigen schwer Depressiven der Fall sein kann. Aber bei Mario erschien mir ein großer Unterschied zwischen seinem inneren und seinem äußeren Erscheinungsbild.

Ich frage alle meine Klienten, wie sie sich fühlen und wo sie sich selbst einordnen würden auf einer Skala von –10 (sehr unzufrieden, sehr unglücklich) bis +10 (pures Glück, Ekstase). Mario hatte sich vor der Behandlung auf –5/–6 eingestuft.

Nachdem er mir in der ersten Sitzung von seinem Leben erzählt hatte und es nichts gab, woran man sofort und eindeutig festlegen konnte, wieso er unter Depressionen litt, habe ich mich entschieden, mit ihm einen anderen Weg einzuschlagen.

Derselbe Mann war nach knapp vier Monaten wie umgewandelt. Er brauchte keine Antidepressiva mehr und war wieder mehr als zufrieden mit seinem Leben.

Es war ihm möglich, sich an kleinen Sachen im Leben zu freuen, jeden Tag zu genießen und sich viel weniger Sorgen um den folgenden Tag zu machen. Nach der Behandlung meinte er, er würde sich selbst auf +3 bis +4 einstufen.

Ich rief ihn ein Jahr nach der letzten Sprechstunde an, um zu fragen, wie es ihm ginge. Er meinte, er sei einfach nur gelassen.

Ich denke jedoch, seine Wandlung ist viel weitreichender, denn er hat die Zufriedenheit in seiner Familie auf indirekter Weise anwachsen lassen. Sie können sich vorstellen, wie auch seine Frau, seine Eltern, Schwiegereltern und Freunde unter seinen Depressionen mitgelitten haben. Oft findet ein Teufelskreis statt. Denn ein depressiver Mensch merkt natürlich, dass sein soziales Umfeld unter seinen Problemen leidet, aber während dieser Phase hatte er wenig Ressourcen, sein Leben alleine zu ändern und das setzt ihm zusätzlich zu.

Aufgrund dieses Erfolgs wandte ich meine Methode auch bei anderen Klienten an.

Welch ein wichtiges Instrument mir die Skala geworden ist, zeigt folgender Fall. Leo rief mich aus dem Krankenhaus an. Er sagte, er hätte versucht, sich das Leben zu nehmen und wollte einen Termin in meiner Praxis. Als er das erste Mal bei mir war, fragte ich ihn, wo er sich befinden würde auf meiner Skala. Ich war der Ansicht, wenn sich jemand das Leben nehmen will, dann muss er ziemlich verzweifelt sein und keinen Ausweg mehr finden in seinen Problemen. Aber Leo sagte mir: „Ich bin auf Stufe +4/+5. Das hört sich komisch an, aber ich bin fest überzeugt, dass ich eine zweite Chance bekommen habe und die will ich nutzen."

Wie erfolgreich meine Methode ist, zeigt dieses Beispiel:

Claudia kam zu mir, weil sie Ängste hatte. Ihre Mutter war neun Jahre zuvor an Bauchspeicheldrüsenkrebs gestorben. Das Ganze geschah sehr schnell, sie starb etwa drei Monate nach der Diagnose. Weil ihre Mutter eine wichtige Rolle in ihrem Leben gespielt hatte und der Tod so plötzlich kam, war es für Claudia eine traumatische und schmerzhafte Erfahrung. Sie fürchtete nicht so besonders ihren eigenen Tod. Sie hatte vielmehr Angst, ihre Kinder könnten ein ähnliches traumatisches Erlebnis durchmachen, falls sie selbst sterben sollte. Diese ständigen Sorgen quälten sie neun Jahre lang. Während sie arbeitete, war sie abgelenkt. Aber sobald sie einen Moment nicht beschäftigt war, wurde sie von ihren Ängsten heimgesucht. Auf meiner Glücklichkeitsskala schwankte sie zwischen 0 und –3, je nachdem, wie schlimm die Ängste sie plagten. Nach nur fünf Sprechstunden war es für sie „ein Unterschied wie Tag und Nacht“, so ihre eigene Worte. Sie fühlte sich wie umgewandelt. Sie fühlte sich sehr gut, strahlte förmlich und meinte, sie befände sich auf Stufe +7 auf meiner Skala. Ich war sehr erstaunt darüber, wie schnell eine solch eklatante Verbesserung ihres Gemütszustandes erreicht wurde.

Ich denke, wir hatten einige hilfreiche Faktoren, die diese Umwandlung erklären können.

Ich bin mir sicher, dass das Verlangen nach Glückseligkeit in ihr schon lange schlummerte. Durch meine Methode wurde es nur wachgerufen.

Ein anderer Grund war, dass sie sich auch wirklich an das hielt, was wir besprochen hatten. Anders gesagt, sie hat fleißig an sich gearbeitet. Ich erteile meinen Klienten gerne kleine Hausaufgaben. Wenn ich ihr am Ende der Sitzung keine Aufgabe für die nächste Sprechstunde gab, hat sie sofort danach gefragt und war schon fast enttäuscht, falls es einmal keine gab. Schon nach der dritten Sitzung merkte sie, dass sich etwas tat, was sie dazu begeisterte, noch mehr Einsatz aufzubringen. Das Umsetzen der theoretischen Überlegungen in die Praxis fiel ihr nicht schwer und das war besonders hilfreich für sie.

Ich gebe zu, diese beiden Beispiele klingen fast übertrieben. Ich war selbst sehr erstaunt, in welch kurzer Zeit und mit welch einfachen Werkzeugen solch ermutigende Ergebnisse erzielt wurden.

In der Folgezeit habe ich mehr und mehr Klienten sehr erfolgreich mit dieser Methode behandelt.

Die Erkenntnisse hieraus und die einfache Methode münden in diesem Buch.

Anderen Menschen zu helfen ist meine Berufung und ich sehe das als meine Lebensaufgabe an. Würde ich bei solch einer wichtigen Aussage übertreiben oder gar lügen, so würde ich mir selbst in einem sehr hohen Maße Schaden zufügen. Ich würde meine Ideale verraten. Ich würde mehr als wahrscheinlich meinen Seelenfrieden, meine innere Ruhe verlieren und das will ich mir selber auf keinen Fall antun, nachdem ich mich so sehr darum bemüht habe, dieses Stadium des „Inneren Friedens" zu erlangen. Mein Seelenfrieden ist mir viel wichtiger als irgendeine Art von Angeberei. Hier kommt auch die Tragweite Mahatma Gandhis Satz ganz zum Vorschein: „Du und ich, wir sind eins, ich kann dir nicht wehtun, ohne mich selbst zu verletzen."

Meine Methode kann von jedem angewendet werden. Sie eignet sich für Menschen mit Burn-out, Depressionen, Ängsten, kurz für jeden, der seelische Probleme hat.

Genauso gut funktioniert sie aber auch bei Menschen, die sich schon glücklich schätzen. Selbst wenn jemand sich schon auf Stufe +4 oder +5 auf der Skala befindet, so bin ich davon überzeugt, dass sich das Leben auf Stufe +7 oder +8 noch unglaublich schöner abspielt.

Ich bin davon überzeugt, dass das, was ich Ihnen in diesem Buch zu sagen habe, Sinn macht und vielen Menschen helfen kann.

Mir fiel auf, dass die meisten Menschen erst gar nicht überlegen, wie sie glücklich sein können. Die wenigsten

Menschen machen sich Gedanken oder gar einen Plan, ihr Leben voll zu genießen.

Für viele Menschen ist „glücklich sein" ein Ding, auf das sie keinen Einfluss haben. Ich bin überzeugt, dass das eine falsche Auffassung ist.

Wir haben keinen Einfluss auf „Glück haben". Ich kann mir zwar wünschen, im Lotto zu gewinnen, aber einen Einfluss habe ich nicht darauf.

Anders aber beim Wunsch, „glücklich zu sein". Darauf haben wir sehr wohl einen Einfluss. Schon vor über zweitausend Jahren waren die Römer dieser Meinung. Damals wurde der Satz geprägt: Jeder ist seines Glückes Schmied.

Man muss nicht depressiv sein, um diese Methode anzuwenden. Jeder kann sie anwenden. Ich würde sie auch nicht eine Therapie nennen, sondern eher eine Anleitung zu einer positiven Lebenseinstellung. Vor allem aber ist sie sehr einfach durchzuführen.

Das will aber leider nicht heißen, dass es immer funktioniert. Bei einigen wenigen hat diese Methode nicht viel gebracht oder es braucht etwas länger, bis manche Menschen mit ihrem Leben zufrieden sind.

Jeder Mensch ist ein Individuum. Wir sind alle auf Erden, um Erfahrungen zu machen. Wenn jemand sich entschließt zu erfahren, wie das ist, wenn man traurig, lustlos oder schweren Gemüts durchs Leben zieht, so soll ihm das gestattet sein. Jede Erfahrung ist kostbar und jeder hat das Recht, seine eigenen Erfahrungen zu machen.

Deshalb akzeptiere ich, wenn ein Klient zu mir kommt, Hilfe sucht, aber meine Methode schlussendlich nicht anwendet. Natürlich wäre es mir lieber, ich könnte dieser Person helfen. Aber ich akzeptiere auch, dass jemand (noch) nicht bereit ist, glücklich zu werden und es vorzieht, unglücklich, verletzt und unnachgiebig zu sein.

Manche Klienten konsultieren einen Psychologen wie einen Arzt. Wenn sie einen Arzt aufsuchen, sind sie meist passiv und nehmen nur die Arzneimittel aktiv ein.

Bei einem Psychologen ist das anders. Der Psychologe kann nur den Weg aufzeigen, der Klient muss ihn aber selbst gehen und leistet den größten Teil der Arbeit. Der Psychologe wird die Probleme des Patienten nicht lösen, auch wenn er es könnte. Er würde dem Patienten keinen Dienst erweisen. Denn sobald der Klient wieder ein Problem hat, wird er erneut einen Psychologen aufsuchen, damit dieser ihm das Problem löst. Damit nähme er dem Klienten die Möglichkeit zu reifen.

Das ist nicht der Sinn, der hinter den Problemen steckt. Ein Problem wird erst dann zu einem echten Problem, wenn man keine Lösung findet.

Leider laufen viele, wenn nicht gar die meisten Menschen lieber vor ihren Problemen davon, als sich ihnen zu stellen. Dabei erkennen sie nicht, dass ein Problem ihnen die Möglichkeit bietet, daran zu wachsen.

Wir müssen aktiv an uns arbeiten, um uns zum Positiven zu ändern. Erst wenn wir uns von positiven Gefühlen und positiven Gedanken leiten lassen, werden wir erfahren, wie wundervoll das Leben sein kann.

Es gibt sehr viele Menschen, die ihr Leben ändern möchten, aber wenn sie merken, dass es mit Aufwand verbunden ist, dann verlieren sie den Mut dazu. Andere Menschen wollen ihr Leben ändern, aber sie haben Angst vor dem Ungewissen, vor einem neuen Leben. Sie verbleiben lieber in einem unzufriedenen, aber dafür bekannten Leben und fürchten sich, vom Regen in die Traufe zu geraten. Vor allem im Arbeitsleben merkt man immer wieder, wie viele Menschen unzufrieden mit ihrem Job sind, aber aus den vorher beschriebenen Gründen nichts daran ändern können.

Ich selbst hatte großes Glück, den Schritt zu wagen und einen Beruf zu ergreifen, der für mich eine Berufung wurde. Es gibt wenig, was mich mehr begeistert, als Menschen zu helfen.

Eine ideale Arbeit ist – meiner Meinung nach – eine Arbeit, die es mir ermöglicht, meine Schöpferkraft zur Geltung zu bringen. Sie soll mir ermöglichen, zu zeigen, was alles in mir steckt und sie soll mir auch die Gelegenheit bieten, über mich hinauszuwachsen.

Was bedeutet „glücklich sein"?

Meine Definition von „glücklich sein" ist:

- Glück ist ein rein individuelles Empfinden. Für manche Menschen bedeutet Glück an erster Stelle gesund sein, für andere reich sein und noch andere verknüpfen ihr Glück mit einem Lebenspartner.
- Es gibt einen wesentlichen Unterschied zwischen Glück oder Pech haben und glücklich sein. Auf das Glück, im Lotto zu gewinnen, haben wir keinen Einfluss, aber wir haben nicht nur Einfluss auf das „glücklich sein", **wir** und nur **wir** sind es, die es bestimmen.

- Es gibt mehrere Stufen von Glückseligkeit. Wie ich bereits gesagt habe, benutze ich eine Skala, die von minus 10 (extrem depressiv) bis plus 10 (pure Ekstase) reicht.

Ich denke, pure Ekstase wird man auf Erden nicht erleben. Ehrlich gesagt, denke ich auch, dass es eher kontraproduktiv wäre. Denn Ekstase bedeutet, alles ist wunderbar, es könnte nicht besser sein. Man ist in einem Zustand, an dem man nichts ändern will. Jede Veränderung würde wieder eine Verschlechterung des Zustands mit sich bringen. Das würde bedeuten, dass wir nichts mehr dazulernen könnten oder keine neuen Erfahrungen machen wollten. Das ist aber nicht der Sinn des Lebens. Für mich ist das Leben wie eine große Schule, in der wir ständig neue Erfahrungen machen und daraus lernen können. Widrigkeiten fordern und fördern uns immer wieder. Dabei sind diese nicht dazu gedacht, uns zu verärgern, sondern sie sollen uns dazu bringen, das Beste zu geben. Wenn alles glatt laufen würde, würden wir uns kaum verbessern und wir würden uns bestimmt nur noch langweilen.

Vor Kurzem wurden Leser einer Tageszeitung gefragt, wann sie Glück empfinden. Es gab 10 Antworten zu bewerten mit Punktezahlen von 5 (empfinde ich als ein besonders glücklicher Moment) bis 1 (macht mich weniger glücklich)

Hier ist die Auswertung:
Platz 1: Wenn ich gesund und fit bin
Platz 2: Wenn ich Zeit mit meinem Partner verbringe
Platz 3: Wenn ich Zeit mit meiner Familie verbringe
Platz 4: Wenn ich anderen Menschen helfen kann
Platz 5: Wenn ich die Schönheit der Natur erlebe
Platz 6: Wenn ich reise und neue Länder entdecke
Platz 7: Wenn das Gehalt auf meinem Konto eingeht
Platz 8: Auf dem Konzert meines Lieblingskünstlers
Platz 9: Wenn mein Lieblings-Fußballklub gewinnt
Platz 10: Wenn ich Halt in meinem Glauben finde

Ich finde es sehr schade, dass so viele Menschen ihren Glauben verloren haben. Einerseits ist das verständlich, wenn man sich anschaut, was die Kirchen alles tun oder besser gesagt nicht tun, um den Menschen ein spirituelles Leben vorzuleben.

Wenn Kirchen leer stehen, dann ist es meiner Meinung nach, weil Menschen dort nicht das finden, was sie suchen.

Es wäre falsch zu denken, Menschen sind heute weniger spirituell als in der Vergangenheit. Nur sind Menschen erwachsener geworden. Sie lassen sich nicht mehr so einfach beeinflussen wie noch vor einigen hundert Jahren, und vor allem lassen sich viele Menschen nicht mehr so einfach Angst einjagen.

Andererseits: Wenn ich Glück empfinde, wenn ich Zeit mit meinem Partner und meiner Familie verbringe und wenn ich anderen Menschen helfen kann, so bin ich ein spiritueller Mensch. Ich mache eine ganz klare Trennung zwischen Religion und Spiritualität. Vermutlich ist es so, dass viele Menschen sich von den Religionen abwenden aber weiterhin spirituell bleiben.

Ein Witz

Ein junger Mann geht an einem schönen Strand spazieren. Es ist ein schöner Morgen, die Sonne strahlt und der Mann freut sich, über den Strand schlendern zu können. Bis er mit seinem grossen Zeh auf etwas Hartes stößt. Er flucht und regt sich auf, dass Menschen unbekümmert einfach ihren Müll auf solch einen schönen Strand werfen. Die Freude ist schon hin als, er genauer hinguckt, auf was er gestoßen ist. Er buddelt ein metallenes Ding aus, wischt den Sand weg und staunt nicht schlecht, denn er hat gerade Aladins Wunderlampe gefunden. Wie war das noch mal, überlegt er, man muss nur an der Lampe reiben und schon erscheint ein Geist, der einem drei Wünsche erfüllt. So richtig will er nicht dran glauben, aber er hat ja nichts zu verlieren, also reibt er an der Lampe. Siehe da, ein Dschinn erscheint tatsächlich.

„Zweitausend Jahre schon stecke ich in dieser Wunderlampe und du, junger Mann, hast mich erlöst", freut sich der Dschinn.

„Du hast drei Wünsche frei. Sag mir, was du dir wünschst, und ich werde dir deine Wünsche erfüllen. Aber überlege es dir gut, denn ich kann deine Wünsche nicht rückgängig machen."

Der junge Mann überlegt und überlegt. Und wie sollte es anders sein, wenn man ein Mann ist und jung dazu: Er wünscht sich eine schöne Frau, aber nicht nur eine, sondern gleich einen ganzen Harem.

„Dschinn", sagt er, „ich wünsche mir einen ganzen Harem der schönsten Frauen aus der ganzen Welt."

„Hast du es dir auch gut überlegt?“, fragt ihn der Flaschengeist.

„Ja, das habe ich. Sei so nett und erfülle mir meinen Traum.“

Im nächsten Moment steht der junge Mann mitten in einem Harem, mit den schönsten Frauen, die man sich nur vorstellen kann. Er kann es kaum glauben und freut sich sehr, dass er nun einen eigenen Harem hat.

„Was ist dein zweiter Wunsch, junger Mann?“

Wie sollte es auch anders sein, Geld, sehr viel Geld spukt es ihm durchs Gehirn. Also sagt er: „Dschinn, ich möchte der reichste Mann der Welt sein und dass mein Reichtum nie versiegt und wenn ich noch so viel ausgebe.“

„Streng genommen sind es zwei Wünsche“, meint der Dschinn, „aber ich will nicht kleinlich sein. Dein Wunsch möge sich erfüllen.“ Im Augenblick danach badet der junge Mann in einem unvorstellbaren großen Reichtum.

„So, jetzt habe ich Geld und einen schönen Harem, was könnte ich mir noch wünschen? Na ja, das soll so lange wie nur möglich dauern“, überlegt sich der junge Mann.

„Dschinn, mein letzter Wunsch ist, dass ich tausend Jahre alt werde.“

„Hast du es dir auch gut überlegt?“, fragt der Dschinn.

„Ja, ich will, dass mein Glück lange währt, also möchte ich tausend Jahre alt werden.“ Und schwups ist der junge Mann im Augenblick danach ein Greis von tausend Jahren und zerfällt zu Staub …

Ich finde, in diesem Witz stecken einige interessante Aspekte.

Zum Ersten finde ich die Idee von Aladins Wunderlampe sehr interessant. Wir brauchen niemanden aus einer Wunderlampe zu beschwören, um freie Wünsche zu haben. Das Universum gestattet uns, das zu werden, was wir uns wirklich wünschen, solange keinem dadurch geschadet wird. Der kleine, feine Unterschied zu der Wunderlampe ist, dass wir, wenn wir uns etwas wünschen, auch etwas dafür tun müssen. Wir müssen aktiv sein. Wenn wir etwas wirklich wollen, gibt es keine Grenzen.

Der zweite Aspekt ist, dass man sich genau überlegen soll, welchen Wunsch wir in unserem Leben wirklich hegen.

Diese Idee, dass sich Wünsche realisieren, wenn wir uns Mühe geben, findet man auch in einem Lied von Queen.

Ein Lied

Kennen Sie „Innuendo" von Queen? Sollten Sie die Möglichkeit haben, dieses Lied anzuhören, tun Sie es bitte.

Ich füge zum Originaltext die Deutsche Übersetzung hinzu. Dieses Lied ist hoch spirituell.

Innuendo, Queen (1991)

Oooh, oooh
While the sun hangs in the sky and the desert has sand
While the waves crash in the sea and meet the land
While there's a wind and the stars and the rainbow
Till the mountains crumble into the plain
Oh yes we'll keep on trying
Tread that fine line
Oh we'll keep on trying, yeah
Just passing our time
Oooh, oooh
While we live according to race, colour or creed
While we rule by blind madness and pure greed
Our lives dictated by tradition, superstition, false religion
Through the eons, and on and on
Oh yes we'll keep on trying
We'll tread that fine line
Oh we'll keep on trying
Till the end of time
Till the end of time

Through the sorrow or through our splendour
Don't take offence at my innuendo

You can be anything you want to be
Just turn yourself into anything you think that you could ever be
Be free with your tempo, be free, be free
Surrender your ego – be free, be free to yourself

Ooh, oooh
If there's a God or any kind of justice under the sky
If there's a point, if there's a reason to live or die
If there's an answer to the questions, we feel bound to ask
Show yourself – destroy our fears – release your mask
Oh yes we'll keep on trying
Hey, tread that fine line
Yeah, we'll keep on smiling yeah
And whatever will be – will be
We'll just keep on trying
We'll just keep on trying
Till the end of time
Till the end of time
Till the end of time

Die deutsche Übersetzung:

Oooh, oooh
Solange die Sonne am Himmel steht und Sand in den Wüsten ist
Solange die Wellen sich im Meer brechen und auf Land treffen
Solange es Wind gibt, die Sterne und einen Regenbogen
Bis die Berge in die Ebene stürzen
Oh ja, bis dahin versuchen wir es weiter,
betreten diesen schmalen Grat.
Wir versuchen es weiter,
genauso verbringen wir unser Leben.
Solange wir gemäß Rasse, Hautfarbe oder Glauben leben
Solange wir in blindem Wahn und purer Gier regieren
Unsere Leben diktiert durch Traditionen, Aberglaube und verlogene Religion,

über Äonen und immer weiter …
Oh ja, bis dahin versuchen wir es weiter.
Betreten diesen schmalen Grat,
Wir versuchen es weiter,
bis zum Ende der Zeit
bis zum Ende der Zeit

Durch das Leid oder durch all unseren Prunk,
sei nicht beleidigt wegen meiner versteckten Anspielung.

Du kannst sein, was immer du willst, verwandle dich einfach in das, was du denkst, das du jemals sein könntest.
Gestalte frei dein Tempo, sei frei, sei frei,
gib dein Ego auf, sei frei, sei frei.

Oooh, oooh
Falls es einen Gott oder irgendeine Art Gerechtigkeit unter dem Himmel gibt
Wenn es einen Anlass oder einen Grund zu leben oder zu sterben gibt
Falls es eine Antwort auf die Fragen gibt, die wir verpflichtet sind zu fragen
Dann zeig dich, zerstöre unsere Ängste, nimm deine Maske ab.
Oh ja, wir werden es weiter versuchen, betreten diesen schmalen Grat.
Ja, wir werden weiter lächeln, ja
und was auch immer sein wird – wird sein.
Wir versuchen es weiter,
versuchen es einfach weiter,
bis ans Ende der Zeit
bis ans Ende der Zeit
bis ans Ende der Zeit

Obwohl es sehr interessant wäre, das ganze Lied genauer zu analysieren, will ich mich hier auf die Idee des Wunsches beschränken.

„Du kannst sein, was immer du willst, verwandle dich einfach in das, was du denkst, das du jemals sein könntest."

Genau dieser Gedanke zeichnet diejenigen aus, die in ihrem Leben Wunderbares vollbracht haben. Manche Menschen wissen, dass sie alles vollbringen können, wenn sie fest daran glauben. Die Frage lautet lediglich: Welchen Aufwand bin ich gewillt auf mich zu nehmen, was will ich investieren, um mein Ziel zu erreichen? Wie viel bedeutet mir mein Ziel und wie viel Mut und Ausdauer setze ich ein, um das Ziel zu erreichen?

Ein Gegenargument finde ich sehr interessant. Man könnte in der Tat einfach sagen: „Ich wünsche mir, die Queen von England zu sein." (wenn wir schon von Queen reden …)

Und schon ist die Überlegung, „wenn man sich etwas wirklich wünscht, wird es in Erfüllung gehen", futsch. Könnte man meinen.

Aber schauen wir mal etwas genauer hin, was es mit diesem Wunsch auf sich hat.

Ich denke, die allerwenigsten möchten in eine ältere Dame von 87 Jahren verwandelt werden, auch wenn sie immer schick angezogen ist und ihre Handtasche stets zu ihrem Hut passt.

Nein, was die Queen von England so interessant macht, ist ihre prominente Persönlichkeit, ihre große Macht und sicherlich, oder vor allem, ihr großes Vermögen. Die Queen selbst zu werden ist zwar unmöglich, aber Macht und Vermögen zu besitzen, kann erreicht werden. Wenn jemand an Macht interessiert ist, kann er in eine Partei und damit in die Politik eintreten. Wenn der Wunsch nach Reichtum groß ist, dann gibt es etliche Möglichkeiten, reich zu werden. Natürlich ist harte Arbeit ein Bestandteil des Vorhabens.

Genauso wie im Witz muss man sich ganz genau überlegen, was man wirklich erreichen will. Es geht nicht darum, eine alte Frau zu werden, sondern um die Berühmtheit, die Macht oder das Geld.

Geschichten vom Tellerwäscher zum Millionär oder vom Zeitungsausträger zum Zeitungstycoon gibt es viele, vor allem in Amerika.

So ganz nebenbei bemerkt: Der „American Dream", die Idee, dass man, wenn man hart arbeitet, es von bettelarm bis zum Millionär schaffen kann, ist einer der wichtigsten Motoren der amerikanischen Wirtschaft.

Man könnte mir jetzt vorwerfen, dass diese Idee sehr ähnlich ist wie die Idee, dass man sich in das verwandeln kann, was man sich wünscht. Es gibt aber einen feinen Unterschied: Beim amerikanischen Traum geht es ausschließlich ums Geldverdienen. Der eigentliche Hintergrund des Wunschs richtet sich jedoch auf das „glücklich sein". Anders gesagt, Geld bedeutet nicht automatisch Glück.

Das Wesentliche ist, man ist sich darüber klar, was man wirklich erreichen will.

Wenn wir uns etwas wünschen, was uns wirklich viel Freude bereitet, was uns total begeistert, dann wird unser Wunsch in Erfüllung gehen.

Sehen wir uns diese Überlegung von einem anderen Standpunkt aus an:

Stellen wir uns einen Chirurgen vor. Ein Mensch, der nicht nur ausgezeichnete Kenntnisse in der Anatomie des menschlichen Körpers hat, sondern darüber hinaus noch die Fähigkeit besitzt, außerordentliche geschickte Hände zu haben, die Menschenleben retten können. Denken Sie, dieser Mensch wäre Chirurg geworden ohne einen starken Willen? Das Medizinstudium mit Fachrichtung Chirurgie ist hart und lang. Viele, die solch ein Studium angefangen haben, konnten es nur mit eisernem Willen durchstehen. Aber dieser Mensch wäre nicht zu dem geworden, was er ist, wenn er nicht den Wunsch geäußert hätte, Chirurg zu werden.

Man könnte sogar noch einen Schritt weitergehen und behaupten, all diejenigen, deren Wünsche nicht in Erfüllung gehen, haben es sich nicht ausreichend gewünscht und nicht genügend dafür getan. Erst, wenn man sich mit jeder Faser seines Körpers etwas wünscht, kann auch Außergewöhnliches in Erfüllung gehen. Wir haben vermutlich viele Wünsche in unserem Leben, welchen hegen Sie besonders?

Wenn ich mir den Witz noch einmal anschaue, dann gibt es noch einen interessanten Aspekt. Ich frage mich, wie viele Menschen bei dem Gedanken des jungen Mannes sich sofort gesagt haben, Frauen und Geld machen nicht unbedingt glücklich.

Anders gesagt: Hätte er nicht besser gehabt, hätte er sich vom Dschinn gewünscht, er wolle einfach nur restlos glücklich werden? Wie oft haben wir schon gehört, Geld macht nicht glücklich? Und doch sind so viele

Menschen geldgierig. Manche würden sogar morden, um an das große Geld zu kommen.

Genau dieser Irrtum hat mich veranlasst, genauer zu untersuchen, welche Annahmen uns davon abhalten können, glücklich zu werden.

Falsche Glaubenssätze

Ich möchte in diesem Kapitel hervorheben, dass viele Menschen falsche Ideen über das haben, was einen glücklich machen kann. Der erste Glaubenssatz ist vermutlich der am meisten verbreitete.

a) Geld macht glücklich.

Es gibt viele Menschen, die überzeugt sind, Geld mache glücklich. Das könnte man jedenfalls vermuten, wenn man sieht, wie viele Menschen den materiellen Weg beschreiten. Anders ausgedrückt dreht sich in der westlichen Welt der größte Teil des Lebens dieser Menschen ums Geldverdienen. Ich will nicht abstreiten, dass Geld zu einem kleinen Teil dazu beitragen kann. Aber wenn wir uns die wirklich Reichen anschauen, so bin ich mir gar nicht sicher, dass alle glücklich sind.

Bestes Beispiel, der Chef von Ratiopharm, Adolph Merckle, der zu einem Zeitpunkt fast zehn Milliarden Euro schwer war. Er hat sich das Leben genommen, nachdem er sich mit VW-Aktien mächtig verzockt hatte. Auch wenn er einen Großteil seines Vermögens verloren hatte, so hätte er ein unbeschwertes Leben weiter führen können. Immerhin besaß er immer noch drei bis vier Milliarden Euro! Warum hat er seinem Leben ein Ende gesetzt? Auf diese Frage werden wir wohl nie eine Antwort bekommen.

Die glücklichsten Menschen der Welt leben nicht in einem industrialisierten Land, sondern im bitterarmen Bangladesch. Dies jedenfalls behauptet eine Studie von Robert Worcester, Professor an der renommierten London School of Economics. Das widerlegt auf beeindruckende Art und Weise die Vermutung, dass Wohlstand automatisch glücklich macht.

Das Streben nach Reichtum ähnelt meines Erachtens einer Sisyphusarbeit. Sisyphus wurde von den Göttern bestraft und musste einen Felsen einen Berg hinaufwälzen. Jedoch, immer wenn er fast angekommen war, rollte der Fels den Berg wieder runter und Sisyphus musste erneut von vorne anfangen. Eine Sisyphusarbeit steht für eine harte, qualvolle Arbeit, für die man sich vergeblich abmüht. Man erreicht nie das Ziel. Und dies ist das Problem: Wenn man Reichtum als Ziel seines Lebens festlegt und die erste Million sein Eigen nennt, so wird meistens schon an die zweite, dritte oder fünfte Million gedacht. Immer dann, wenn man das Ziel fast erreicht hat, muss man wieder von vorne anfangen. Wenn man richtig Spaß an diesem Unternehmen hätte, würde ich verstehen, dass man sich so sehr abrackert. Aber in den meisten Fällen genießen diese Menschen vor lauter Arbeit ihr Leben nicht.

Hinzu kommt, dass manche Leute so hart arbeiten mussten und dann Angst bekommen, wie Dagobert Duck, alles zu verlieren und kein Geld mehr zu haben, sodass viele aus Geiz weit unter ihren Verhältnissen leben.

Ich habe vor einiger Zeit einen Dokumentarfilm gesehen über die schönsten Jachten der Welt. Schwimmende Paläste, wo das Beste und Schönste nur gerade gut genug war. Die Reportage endete mit dem Hinweis, dass fast alle Besitzer höchstens zehn Tage im Jahr auf ihren prachtvollen Jachten verbrachten, denn sie mussten schließlich Geld verdienen, um sich diesen teuren Luxus zu leisten …

Ich denke, jeder soll mit seiner Arbeit so viel Geld verdienen, dass es ihm gut geht. In dieser materiellen Welt hätten wir es ohne Geld schwer.

Aber es ist ein riesengroßer Unterschied, ob man sich des Geldes bedient oder ob man Sklave des Geldes ist.

Wenn manche Menschen denken, dass Reichtum der Lebensinhalt schlechthin ist, dann frage ich mich, ob es sinnvoll ist. Es wäre anmaßend von mir, ihre Lebensweise zu verurteilen. Das tue ich auch nicht, aber ich stelle sie infrage. Wenn einige Menschen jedoch finden, dass sie recht zufrieden mit ihrem Lebensinhalt sind, dann ist das ganz in Ordnung für mich.

Als Psychologe käme es mir nur nie in den Sinn, einem Menschen zu raten, er solle sein Glück im Reichtum suchen.

Diejenigen, die die Arbeit als Lebensinhalt sehen, damit meine ich nicht nur Workaholics, möchte ich gerne fragen, ob sie sich je überlegt haben, was es sonst noch für Lebensinhalte geben könnte.

Sollte jemand versuchen, einen spirituellen Weg zu beschreiten und sich danach dennoch als Ziel setzen, das Glück in der Arbeit zu finden, so würde mich das sehr erstaunen.

Erst wenn das materielle und das spirituelle Leben eine Zeit lang ausprobiert wird, kann eine Entscheidung getroffen werden, was einem mehr zusagt. Soviel ich weiß, haben sich viele Menschen vom materiellen Weg abgewandt, jedoch sehr wenige, wenn überhaupt, haben den spirituellen Weg verlassen, wenn sie ihn erst einmal betreten haben.

Manche mögen jetzt erstaunt sein, dass ich von der Spiritualität rede, wo es eigentlich die ganze Zeit um „glücklich sein" ging. Ohne etwas vorwegzunehmen, bin ich der Überzeugung, richtiges, tiefgründiges Glück findet man in der Spiritualität. Aber ich werde im zweiten Teil des Buches diese These tiefer analysieren.

Interessant finde ich auch die Lebensgeschichte von Herrn Karl Rabeder, die sie auf Spiegelonline, Sueddeutsche.de oder Venture.tv (2010) verfolgen können.

„Fürs Glück ist Geld hinderlich", sagte sich der 47-jährige Multimillionär, trennte sich von seinem Vermögen und schenkte es Wohltätigkeitsorganisationen in Zentral- und Lateinamerika.

„Ich arbeitete wie ein Sklave für Dinge, die ich gar nicht brauchte oder wollte", stellte er fest, nachdem er einen besseren Überblick über sein Leben bekommen hatte.

„Meine Idee ist es, nichts mehr zu haben. Wirklich nichts mehr. Geld ist kontraproduktiv – es verhindert, dass man glücklich wird."

Interessante Worte von einem mehrfachen Millionär. Nun mögen einige sagen, dieser Mann ist wahnsinnig geworden. Einige denken vermutlich, diese Aussteiger haben alle eine Macke.

„Eine lange Zeit glaubte ich, dass mehr Vermögen und mehr Luxus automatisch mehr Glückseligkeit bedeutet. Ich stamme von einer sehr armen Familie ab, wo die Regeln waren, mehr zu arbeiten, um mehr materielle Dinge zu erwerben, und das habe ich jahrelang umgesetzt. Seit ich mein gesamtes Vermögen aufgegeben habe, fühle ich mich frei, das Gegenteil von schwer."

Irgendwann in seinem Leben stellte er fest, dass er so nicht leben wollte, aber es dauerte lange, bis er den Mut fasste, sich von seinem Reichtum zu trennen.

„Ich war mal reich, doch erst jetzt werde ich vermögend, vermögend ist jemand, der mit seinem Besitz etwas Positives zu bewirken vermag. Ich merke, dass ich mehr Möglichkeiten habe, je weniger Geld ich besitze. Weil im Kopf endlich wieder was zu laufen anfängt: Wozu bin ich auf diesem Planeten? Was will ich wirklich?"

Wenn ich mir seine Worte so ansehe, denke ich nicht, dass dieser Mann eine Macke hat, sondern dass er sich die wirklich wichtigen Fragen in seinem Leben gestellt hat.

Ich denke nicht, dass wir nun alle unser Besitztum verschenken und unser Leben in Armut verbringen müssen. Nur denke ich, dass man sich Zeit nehmen soll, sich zu überlegen, was man im Leben erreichen will. Was ist der Sinn meines Lebens?

Ich selbst habe ebenfalls viel Zeit mit dem Glaubenssatz „Geld macht glücklich" verbracht, weil die westliche Welt seit Jahrhunderten diese Lebensphilosophie verfolgt und weil auch ich in einer Kultur aufgewachsen bin, die Konsum an erster Stelle sieht. Unsere Konsumgesellschaft läuft zumeist hinter sinnlosen Zielen her, die von der Industrie erstellt und propagiert werden. Erst wenn wir uns überlegen, was wir wirklich wollen und brauchen, können wir dieser Manipulation entgehen.

Ein Satz des luxemburgischen Journalisten Pierre Leyers bringt es auf den Punkt: „Wer glaubt, Geld sei das Wichtigste im Leben, war noch nie verliebt oder schwer krank."

Wenn ich hier so ausführlich über diese falsche Annahme berichtet habe, dann, weil ich sie auch lange Zeit für richtig hielt. Den Satz „Geld macht nicht glücklich" habe ich ergänzt: „Geld macht vor allem diejenigen nicht glücklich, die keins haben."

b) Wenn ich endlich einen Partner an meiner Seite habe, bin ich glücklich.

Was mir bei dieser Überlegung sofort auffällt, ist die Gefahr, dass wir uns abhängig machen von einem anderen Menschen. Wird dieser Mensch uns eines Tages verlassen, ob gewollt oder ungewollt, werden wir (wieder) unglücklich. Schlimmer noch, manche Menschen haben eine schlechte Erfahrung gemacht und haben danach Mühe, einem neuen Partner zu vertrauen.

Es gibt sehr viele Menschen, die Angst vor der „großen Liebe" haben. Manche haben sogar Angst, sich zu verlieben, weil daraus Liebeskummer entstehen könnte. Daraus folgt, dass sie entweder gar nicht glauben, dass es eine „große Liebe" gibt oder aber es nicht zulassen wollen (können), indem sie sich ihrem Partner nicht vollends hingeben. Natürlich, wenn man nicht an etwas glaubt, wird es das nicht geben. Dazu kommt der Gedanke, dass sie keinen Einfluss darauf haben, ihre Liebe zu gestalten. Aber solche Gedanken sind Gift für eine Beziehung, denn der Partner wird merken, dass man gehemmt ist und sich womöglich fragen, ob er/sie wirklich geliebt wird.

Sicher ist es einfacher, wenn man im Leben einen lieben Menschen hat, der einem immer beisteht. Es ist so viel angenehmer, wenn man sich an jemanden anlehnen kann. Aber man sollte den Partner nicht als Krücke benutzen. Man wird schneller erwachsener und schneller reifer, wenn man sein Leben selbst in die Hand nimmt.

Wenn ich die Wahl hätte, wäre es mir lieber, ich wäre schon glücklich, bevor ich den Partner meines Lebens finde und vor allem ziehe ich es vor, dass ich meine Zufriedenheit nicht von einem Menschen abhängig mache. Denn in dem Moment liebe ich meinen Partner oder meine Partnerin um seinetwillen/ihretwillen und nicht, weil ich jemanden brauche.

c) Wenn ich erst mal berühmt bin, dann bin ich glücklich.

Es liegt in der Natur des Menschen, anderen nachzueifern, die reich und berühmt sind. Aber auch hier sollte man genauer darauf achten, ob es wirklich die Berühmtheit ist, die es ausmacht. Ich denke, es handelt sich eher um die Beliebtheit. Fälschlicherweise verbindet man oft Bekanntheit und Berühmtheit mit Beliebtheit. Aber man kann auch berühmt sein im negativen Sinne. Einige Serienmörder haben es zur Berühmtheit geschafft, sind deshalb aber nicht beliebt.

Berühmt zu sein ist kein Garant dafür, glücklich zu werden. Vermutlich haben Sie öfters in den Medien gehört, dass etliche Prominente unter schweren Depressionen leiden. Viele Berühmtheiten haben Drogen- oder Alkoholprobleme. Manche Celebrities werden mit dem Problem nicht fertig, nicht mehr im Rampenlicht zu stehen.

Sicher gibt es aber auch viele Berühmtheiten, die innig geliebt werden. Würde ich mich glücklich fühlen, wenn ich sehr beliebt wäre? Ich denke, ja. Aber man wird nicht beliebt ohne Grund. Wenn ich beliebt bin, habe ich etwas getan, das andere Menschen bewegt, mich zu lieben.

Als Musiker ein großes Publikum zu begeistern, den Menschen für ein paar Stunden all ihre Sorgen zu nehmen, sie zu berühren und somit Freude schenken, das wäre einfach nur toll. Leider bin ich kein Musiker geworden. Hätte ich damals gewusst, was Musik alles bewirken kann, dann hätte ich vielleicht mein Leben der Musik verschrieben. Irgendwie hatte ich aber immer das Gefühl, es wäre nicht seriös genug. Der Gedanke, Menschen zu helfen, die Probleme haben, so wie ein Psychologe es tut, erschien mir als eine seriösere Angelegenheit. Aber eben zu dem Zeitpunkt wusste ich noch nicht, wie Musik auf wundervolle Weise heilen kann.

Aber genau dieser Gedanke, wie ich meinen Mitmenschen Freude bereiten, sie unterstützen kann, wie ich

Menschen begeistern und ihnen helfen kann, ihr Leben zu verschönern oder sie von ihren Problemen kurz abzulenken oder die Probleme erträglicher zu machen, kommt dem „glücklich werden“ viel näher.

d) Wenn ich gesund wäre, dann könnte ich glücklich werden.

Unter „gesund“ verstehe ich das erweiterte Konzept, also nicht nur „nicht krank“ sein, sondern auch kein Handicap, keine Behinderung zu haben.

Jeder Mensch versucht auf seine Art und Weise, das Beste aus seinem Leben zu machen. Es gibt sehr viele Menschen, die unter Krankheiten leiden. Die einen können damit leben, andere eher schlecht und manche wünschen sich sogar den Tod.

Der Australier Nick Vujicic wurde ohne Arme und ohne Beine geboren. Nur ein kleiner Fuß mit zwei Zehen hatte sich am linken Oberschenkel gebildet. Man kann sich gut vorstellen oder vielleicht eben nicht, wie stark er unter seiner Behinderung gelitten hat. Jedenfalls war er als Kind sehr depressiv und mit zehn Jahren hat er versucht, sich das Leben zu nehmen. Heute ist er Motivationstrainer und berichtet in seinen Vorträgen, dass er damals keine Hoffnung und keinen Sinn in seinem Leben sah. Erst als er sein Handicap nicht mehr als Strafe, sondern als eine Herausforderung verstand, änderte sich sein Leben. Heute ist er glücklich verheiratet, hat einen einjährigen Sohn und sieht seine Lebensaufgabe darin, andere Menschen zu motivieren, ihre Träume zu verwirklichen. Ich vermute, seine Frau hat Nick nicht auf sein Handicap reduziert, sondern in ihm einen starken Geist und ein gutes Herz entdeckt.

Ich denke, dies ist ein gutes Beispiel, um zu zeigen, dass eine Behinderung nicht automatisch bedeuten muss, dass man unglücklich ist.

Ich respektiere die Lebensauffassung meiner Mitmenschen, und wenn jemand der Meinung ist, das Leben ist wertlos, dann ist es nicht meine Aufgabe, ihn eines Besseren zu belehren. Das Einzige, was ich tun kann, ist, sie so weit zu bringen, dass sie einwilligen, ihr Leben von einem anderen Standpunkt aus zu sehen. Für jemanden der wütend, verbittert oder hasserfüllt ist, ist es eine unheimliche Herausforderung, rational und emotional positive Gedanken zu haben. Jeder trifft seine Entscheidungen, hat seine Vorlieben und lebt sein Leben, wie er es für richtig hält.

Was mir wirklich am Herzen liegt, ist, dass er eine Entscheidung trifft, die überlegt ist und dass er sich die Zeit nimmt und nachdenkt, welche Möglichkeiten es für ihn gibt.

Wenn jemand das materielle Leben dem spirituellen vorzieht, ist es in Ordnung für mich. Ich versuche lediglich darauf hinzuweisen, dass man eine Entscheidung guten Gewissens erst dann treffen kann, wenn man das spirituelle Leben kennt. Die meisten Menschen, die das spirituelle Leben ablehnen, tun dies, weil sie falsche Vorstellung von diesem Leben haben.

Meine Auffassung ist, auch kranke Menschen haben die Möglichkeit und das Recht, glücklich zu sein. Nick zeigt uns, dass man krank oder behindert sein kann und dennoch das Leben genießen kann.

Entscheidend ist für mich diese Idee: Ich mag viele Steine auf meinem Weg finden, die mein Leben erschweren, aber wenn ich es wirklich will, werde ich glücklich werden. Es ist die innere Einstellung, die Lebenseinstellung, die die Weichen stellt. Egal, was passiert, ich will glücklich sein. Nichts ist dem Zufall überlassen, nichts geschieht ohne Grund.

Darum ist es nicht sinnvoll, vor Problemen wegzulaufen, denn sie werden uns immer wieder einholen. Wenn ich Probleme habe, dann wollen diese mir etwas mitteilen. Es liegt an mir herauszufinden, welcher Sinn dahinter steht. Erst wenn ich erkenne, dass diese scheinbare Widrigkeiten eigentlich Gelegenheiten sind, um daran zu wachsen, dann nehme ich sie dankbar an. Ein Mensch, der bereits eine gewisse Reife erlangt hat, wird immer wieder versuchen, sich weiter zu verbessern, um noch reifer zu werden.

e) Wenn ich (noch) intelligenter wäre, dann wäre ich glücklich.

Es scheint aber der Fall zu sein, dass Menschen, die sehr intelligent sind, eher unglücklich sind. Viele sehr intelligente Leute fühlen sich nicht verstanden, sind einsam und leiden sehr darunter.

In der satirischen Novelle „Candide oder der Optimismus" lässt der französische Philosoph Voltaire seinen Protagonisten die Frage stellen, ob man es nicht besser hätte, dumm durch die Welt zu gehen. Candide beobachtet eines Tages eine wenig gebildete Bauersfrau, die sehr glücklich zu sein scheint. Er fragt sich, ob es nicht besser wäre, ein einfaches Bild von der Welt zu haben und nicht zu verstehen, was in der Welt vor sich geht, als intelligent zu sein und teilweise zu merken, wie viel Übel es in unserer Gesellschaft gibt. Er verwirft die Idee und denkt, er möchte lieber intelligent als ungebildet sein. Dabei hat es den Anschein, als gäbe es nur das Eine oder das Andere.

In Voltaires Roman liest man immer wieder den Satz: „Tout est pour le mieux dans le meilleur des mondes possibles." Alles ist zum Besten in der bestmöglichen Welt. In diesem Roman geht es Voltaire darum, den Optimismus des deutschen Philosophen Gottfried Leibnitz ad absurdum zu führen.

Ich bin eher der Meinung, man sollte den Pessimismus als Unsinn ansehen. Ich werde später noch darauf zurückkommen.

Aber die Frage ist immer noch nicht geklärt. Kann Intelligenz glücklich machen? Wenn wir das Leid in der Welt betrachten, müssten wir uns fragen: Wie kann es sein, dass der Mensch in den tausenden von Jahren nichts dazugelernt hat? Seit tausenden von Jahren werden Kriege geführt, wobei wir genau wissen, dass Kriege wegen Reichtum und Macht geführt werden. Die Intelligenz hat es ermöglicht, immer tödlichere Waffen herzustellen, hat aber das Wesentliche nicht fertig gebracht, nämlich Kriege zu verhindern. Daraus schlussfolgere ich: Intelligenz alleine bringt uns nicht weiter. Erst wenn Intelligenz mit positiven Gefühlen oder, besser ausgedrückt, mit einer liebevollen Haltung gepaart ist, oder noch besser, wenn der Kopf vom Herzen aus gesteuert wird, kann Intelligenz Großes vollbringen. So gesehen ist die Intelligenz neutral, sie kann sowohl von positiven als auch von negativen Gefühlen und Gedanken gesteuert werden.

Umso wichtiger ist es demnach, positive Gefühle zu hegen. Wie lange werden Menschen sich noch hinters Licht führen lassen und sich Kriege als notwendiges Übel aufschwatzen lassen? Für mich jedenfalls steht eindeutig fest, Intelligenz macht nicht glücklicher.

Ich denke, Sie werden anhand von diesen Beispielen gemerkt haben, worauf ich hinauswill. Es ist alles nur eine Frage der Einstellung. Es gibt notorische Nörgler. Manche Menschen geben sich nie zufrieden. Sie können ein großes Vermögen haben, bester Gesundheit sein, beliebt sein und doch sind sie nicht zufrieden. Während andere Menschen wenig haben, vielleicht auch krank sind und vielleicht nicht besonders gut aussehen, genießen sie dennoch ihr Leben. Vermutlich, weil sie kein anderes haben und es fertigbringen, das Beste aus dem zu machen.

Die meisten von uns wissen intuitiv, dass diese fünf Glaubenssätze wenig bis gar keinen Einfluss darauf haben, ob wir glücklich werden oder nicht. Dennoch suchen so viele Menschen ihr Glück in der materiellen Welt. Vermutlich auch deshalb, weil es einfacher erscheint oder weil sie annehmen, der spirituelle Weg sei zu schwierig?

Das erinnert mich an einen Witz meines Mathematikprofessors:

Eines Abends ist ein deutlich angeheiterter Mann auf dem Weg nach Hause. Er überquert eine Straße, fällt auf die Knie und fängt an, auf allen vieren zu kriechen. Ein

Mann, der die Szene verfolgt hatte, geht zu ihm rüber und fragt: „Suchen Sie etwas, kann ich Ihnen helfen?" Daraufhin erwidert der Mann: „Ich habe meine Hausschlüssel verloren und ja, ich wäre froh, wenn Sie mir helfen könnten." Beide Männer suchen eine Zeit lang auf dem Boden nach den Schlüsseln. Auf einmal fragt der Mann: „Ich finde hier nichts. Sind Sie sicher, dass Sie die Schlüssel hier verloren haben?" „Nein", antwortet der andere Mann, „ich habe sie auf der anderen Straßenseite verloren, aber da ist es viel zu dunkel, ich sehe nichts und hier scheint das Licht der Laterne."

Vielleicht suchen wir das Glück in der materiellen Welt, weil so viele Menschen in den westlichen Ländern das auch so tun? Oder haben wir eine falsche Idee von der spirituellen Welt? Ich gebe zu, viel zu oft wird das spirituelle Leben als ein Leben in Askese, Enthaltsamkeit und Frömmigkeit angesehen. Aber es gibt auch spirituelle Menschen, die sich nichts verbieten lassen, die auf nichts verzichten wollen und dennoch einen spirituellen Weg gehen. Ich bin der Meinung, man kann erst dann spirituell werden, wenn man Freude und Spaß am Leben hat.

Die Bedürfnispyramide

Abraham Maslow, ein US-Amerikaner, wird als Gründer der humanistischen Psychologie angesehen. Er wurde bekannt durch sein Konzept der Bedürfnispyramide oder Bedürfnishierarchie, so wie er es ausdrückte, die „hierarchy of needs". Maslow war der Meinung, der Mensch sei nicht von Grund aus böse. Im Gegensatz zur Psychoanalyse, zum Behaviorismus und zu manchen Religionen hat die humanistische Psychologie kein negatives oder pessimistisches Bild vom Menschen. Einige Theorien aus dem Anfang des zwanzigsten Jahrhunderts sahen den Mensch gar als gestört an. Er wurde auf seine Reflexe (Konditionierung) und auf seine animalischen Triebe (Triebtheorie) herabgesetzt. Der Humanist Maslow sah den Menschen dagegen von Grund aus als gut an. Der Mensch hat einige grundlegende Bedürfnisse, erst wenn die nicht erfüllt werden, wird er neurotisch oder aggressiv. Diese Bedürfnisse sehen in allen Kulturen ähnlich aus.

Es gibt fünf Grundbedürfnisse, die Maslow in fünf Stufen katalogisiert hat. Man kann sich eine Pyramide vorstellen, in die diese Bedürfnisse eingegliedert sind.

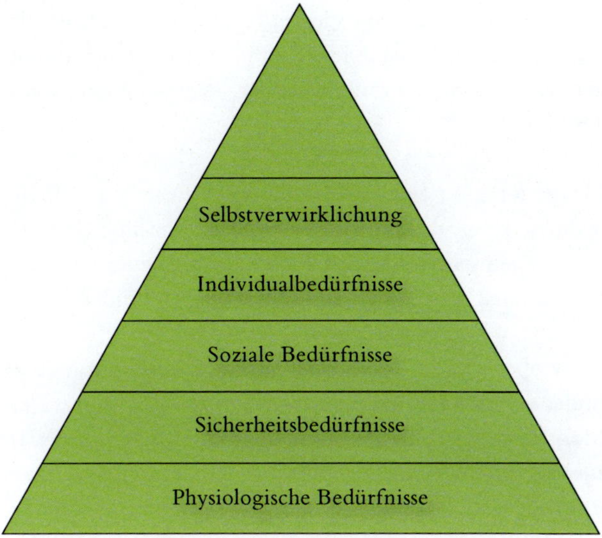

Die Basis der Pyramide bilden die physiologischen Bedürfnisse, der Mensch braucht Nahrung und Schlaf. Diese sind grundlegend und es ist verständlich, dass der Mensch essen, trinken und schlafen muss, um gesund zu bleiben.

Auf der Stufe darüber, der zweiten Stufe, stehen die Sicherheitsbedürfnisse. Der Mensch braucht ein Dach über dem Kopf, einen Platz, an den er sich zurückziehen kann und wo er sich sicher fühlt.

Danach erst wendet sich der Mensch an seine sozialen Bedürfnisse (die dritte Stufe). Er pflegt soziale Beziehungen. Familie und Freunde sind ihm wichtig. Dadurch übernimmt er auch soziale Rollen.

Die Stufe darüber, die vierte, bezeichnet Maslow als Individualbedürfnisse. Diese Bedürfnisse entstehen durch den Wunsch nach Freiheit, Erfolg, Wertschätzung und Ansehen.

Einige Kritiker argumentieren, dass diese Individualbedürfnisse eigentlich vor der Stufe der sozialen Bedürfnisse stehen sollten, denn der Mensch muss zuerst die Erfahrung machen, frei zu sein, bevor er sich binden kann.

Ganz oben auf der Pyramide, auf der fünften Stufe, befindet sich das Bedürfnis nach Selbstverwirklichung. Der Mensch drückt den Wunsch aus, das eigene Potenzial auszuschöpfen. Anders gesagt, der Mensch möchte eine sinnvolle Tätigkeit übernehmen, die ihm wirklich Freude macht.

Kurz vor seinem Tod hat Maslow eine weitere Stufe hinzugefügt, das Bedürfnis nach Transzendenz. Der Mensch macht sich auf die Suche nach Gott. Irgendwann wird sich jeder mit dem Konzept von Gott auseinander setzen. Je älter man wird, desto intensiver beschäftigt man sich mit dem Gedanken, was nach dem Tod passiert. Ist alles vorbei oder geht es erst richtig los?

Die maslowsche Bedürfnispyramide ist deshalb so besonders wertvoll, weil sie uns einen Hinweis geben kann, welches Bedürfnis gerade jetzt befriedigt werden will.

Wenn wir die Information haben, können wir auch konkret etwas für unser Wohlsein unternehmen. Dies wiederum ermöglicht uns, gezielte Maßnahmen zu ergreifen, um unser Leben zufriedener zu gestalten. Denn wir sind nicht zufrieden mit unserem Leben, wenn wir nicht genau wissen, was fehlt, aber wir das ungute Gefühl haben, uns fehlt etwas.

Eine Frage

Bevor wir zum nächsten Teil dieses Buches kommen, erlauben Sie mir, Ihnen eine Frage zu stellen.

Wie glücklich sind Sie jetzt, in diesem Moment?

Ich stelle diese Frage allen meinen neuen Klienten beim ersten Treffen, aber auch während der Therapie, wenn ich das Gefühl habe, es hätte sich etwas verändert. Auf der bereits erwähnten Skala von +10 bis –10, wo würden Sie sich selbst einschätzen?

Natürlich wird das Gefühl, glücklich zu sein, schwanken. An manchen Tagen fühlt man sich besser als an anderen. Es ist auch klar, dass man, wenn man vor Kurzem etwas Schlimmes erlebt hat, aus der Bahn geworfen werden kann. Angenommen, Sie haben Ihren Job verloren, so ist es „normal“, dass negative Gefühle Sie überwältigen. Viele Menschen reagieren mit Trauer, Frust, Wut, Angst oder Enttäuschung. Wir sind ja nicht apathisch und wollen es auch nicht werden. Eine wichtige Frage in einer solchen Situation lautet dann: Wie lange kann mich solch eine Widrigkeit fesseln? Wie schnell komme ich mit solch einer Situation klar?

Schreiben Sie sich die Zahl auf ihrer „Glücklichkeitsskala" bitte auf und vergleichen Sie sie nach einigen Monaten mit der aktuellen Zahl. So können Sie selbst gut vergleichen, falls Sie sich an die Richtlinien gehalten haben, welche Fortschritte Sie mit der Methode erzielen bzw. erzielt haben.

Vorbereitung

Ich habe Sie im Vorwort gebeten, dieses Buch erst dann zu lesen, wenn Sie nicht verärgert sind. Ich bin der Meinung, dass wir Menschen viele Fehler machen, weil unsere Emotionen uns verwirren. Wut, tiefe Enttäuschung, tiefe Trauer aber auch „verliebt sein" sind Emotionen, die unser rationales Denken stark beeinflussen können. Ein sehr entscheidender Faktor ist auch die Angst. Bevor wir uns auf dem Weg machen, glücklich zu werden, sollten wir üben, gelassener zu werden. Denn man kann nicht gleichzeitig glücklich und wütend oder ängstlich sein. Kontrollieren Sie Ihre Wut. Seien Sie gelassen.

Eine sehr einfache, aber effektive Methode, sich zu beruhigen, wenn man „außer sich" ist, besteht darin, zuerst einmal tief auszuatmen und tief einzuatmen und gleichzeitig bis zehn zu zählen. Nehmen Sie sich bitte Zeit. Wenn Sie wollen, können Sie auch weiter zählen, bis Sie merken, dass Sie ruhiger werden. Stellen Sie sich vor, dass Sie bei jedem Ausatmen alles Negative von sich weisen und beim Einatmen nur Positives zu sich nehmen.

Kontrollieren Sie Ihre Gedanken. Achten Sie einmal einen Tag lang darauf, wie oft negative Gedanken auftauchen. Versuchen Sie, erst keine negative Gedanken aufkommen zu lassen. Natürlich ist das am Anfang recht schwierig, aber mit der Zeit bekommt man das immer besser in den Griff.

Bei allem, was wir tun oder was uns widerfährt, haben wir immer die Wahl, wie wir das aufnehmen. Wir können negativ oder positiv eingestellt sein. Unsere Lebenseinstellung entscheidet, welche Haltung wir einnehmen. Wenn wir eine positive Lebenseinstellung haben, werden wir widrige Umstände nicht als solche ansehen. Die erste Reaktion ist nicht Wut, sondern eher die Suche nach der Antwort auf die Frage: „Was wollen mir diese Widrigkeiten mitteilen?" Ich kann nicht oft genug betonen, dass uns negative Einstellungen wenig bis gar nichts einbringen, während positive Gedanken und Einstellungen unser Leben auf wundervolle Weise verschönern.

Willie Nelson, der US-Country-Sänger, hat es mit diesem Spruch auf den Punkt gebracht:

„Once you replace negative thoughts with positive ones, you'll start having positive results."

Wenn Sie anfangen, negative Gedanken durch positive zu ersetzen, werden Sie anfangen, positive Resultate zu erlangen.

Masaru Emoto beschreibt in seinem Buch „Wasserkristalle", welche Macht negative oder positive Gedanken haben können. In erster Linie geht es in seinem Buch darum, die vielfältigen Kristallisationen von gefrorenem Wasser aus unterschiedlichen Städten, Regionen und Länder zu zeigen. Interessanterweise wird auch ein erstaunliches Experiment beschrieben: In einem Topf gekochter Reis wurde in zwei Gläser aufgeteilt. Auf dem einen Glas wurde ein Schildchen geklebt, auf dem „Danke" stand. Auf dem anderen stand „Dummkopf". Des Weiteren wurden Schüler gebeten, vor dem jeweiligen Glas an Dankbarkeit beziehungsweise an Dummheit zu denken. Das Resultat war sehr erstaunlich, denn nach etwa einem Monat verfaulte der Reis mit der Aufschrift „Dummkopf", während der Reis in dem anderen Glas mit dem „Dankbarkeit"-Schild fermentierte und keine Spur von Fäulnis aufwies.

Die folgenden zehn Schritte, die uns helfen sollen, zufriedener oder glücklicher unser Leben zu gestalten, werden von jedem Menschen unterschiedlich intensiv empfunden und können genauso unterschiedlich wirken.

So war es zum Beispiel für meine Klientin Claudia der zweite Schritt, der ihr am meisten brachte. Andere Klienten fanden Schritt 3 auch sehr nützlich. Jeder Mensch ist ein Individuum, mit seinen Vorlieben, seinen Schwächen, aber auch seinen positiven Seiten.

Die von mir vorgeschlagenen zehn Schritte sind erprobte Werkzeuge, die Sie so einsetzen können, wie es Ihrer individuellen Situation entspricht.

Die ersten drei Schritte bilden das Fundament, und alle anderen Schritte können Sie so kombinieren, auch die Reihenfolge verändern, wie es sich für Sie richtig und stimmig anfühlt.

Schritt 1

Der freie Wille

Der Begriff „freier Wille" hat für mich zwei Bedeutungen. Zuerst ist da die Idee von Freiheit.

Das ist in Wirklichkeit, wozu wir Menschen alle „verdammt" sind: frei zu sein. Wir haben die Freiheit, das zu tun, was wir wollen. Natürlich muss man berücksichtigen, dass wir für jede Tat die Verantwortung übernehmen müssen.

Überspitzt gesagt haben wir alle die Wahl, uns zu entscheiden für das „Gute" oder das „Böse". Anders gesagt, niemand entscheidet für uns, was wir tun müssen, sollen oder dürfen.

Natürlich haben Eltern die Verantwortung, Entscheidungen zu treffen, bis ihre Kinder in der Lage sind, ihr Leben selbst in die Hand zu nehmen. Niemand wird bestreiten, dass Eltern richtig handeln, wenn sie ihre kleinen Kinder in die Schule schicken, auch wenn manche Kinder das schrecklich finden.

Aber sobald Kinder alt genug sind, ihre eigenen Entscheidungen zu treffen, müssen Eltern die Ideen ihrer Kinder akzeptieren. Zugegeben, es ist nicht immer einfach zu erkennen, wann Kinder so weit sind, ihre eigenen Entscheidungen zu treffen. Das mag einleuchten, aber vor nicht allzu langer Zeit hatten Kinder keine andere Wahl, als das zu tun, was ihre Eltern wollten und in einigen Entwicklungsländern ist das seit tausenden von Jahren der Fall. Mit Entwicklungsländern meine ich hauptsächlich die Länder, die wenig Bildung ermöglichen oder gar versuchen, einige Bewohner des Landes, meistens Frauen, davon fernzuhalten. Echte Freiheit beginnt mit einer Bildung.

Freiheit kann manchen Menschen Angst einjagen, da sie die Verantwortung für ihre Taten übernehmen müssen.

Manche Menschen ziehen es vor, von anderen abhängig zu sein und vermeiden damit, Eigenverantwortung zu übernehmen. Das ist eigentlich ein Trick, mit dem man versucht, bewusst oder unbewusst, die Eigenverantwortung abzugeben. Aber das funktioniert natürlich nicht. Meistens handelt sich hier um Menschen, die große Angst haben, Fehler zu machen.

Freiheit bedeutet dann aber auch, man soll sich Gedanken machen, was man im Leben tun soll beziehungsweise muss.

Denn Eigenverantwortung muss man auch dann übernehmen, wenn man nichts tut. Wenn ich sehe, dass man Menschen Schlechtes antut und ich unternehme nichts, dann bin ich mitschuldig.

Man könnte argumentieren, es gibt Gesetze und man darf sich nicht darüber hinwegsetzen Also ist man nicht so frei, wie ich es behaupte.

Aber in Wirklichkeit entscheiden wir und nur wir, ob wir diese Gesetze einhalten oder brechen.

In der Geschichte der Menschheit wurden viele Gesetze erlassen, die nicht im Interesse aller Menschen waren. Einige dienten nur einem erlesenen Kreis von Menschen. Anders gesagt, manchmal ist Zivilcourage angesagt und man sollte sich nicht hinter unzulänglichen Gesetzen verstecken. Ein Beispiel von vielen ist der Fall Chelsea Manning, die in den USA 2013 verurteilt wurde, weil sie eigentlich nur ein Verbrechen aufgedeckt hatte, während die eigentlichen Täter nie angeklagt wurden. Manning übergab Wikileaks Videos, in denen zu sehen ist, wie amerikanische Kampfhubschrauber Zivilisten und Journalisten der Nachrichtenagentur Reuters erschießen.

Oder Edward Snowden, der den NSA-Skandal ins Rollen brachte und dem die USA den Prozess wegen Hochverrats machen werden, sollten sie ihn fassen.

Die zweite Bedeutung des Konzepts „freier Wille" ist der Wille, der Wunsch, das Begehren und das Ziel. In Verbindung mit der Idee „glücklich sein", spielt der Wille eine äußerst wichtige Rolle. Ohne etwas zu wollen, können wir nichts erreichen.

Was es bedeutet, ein Ziel zu haben, kann man auch aus dem Buch von Viktor Frankl entnehmen. Der österreichische Psychiater Viktor Frankl beschreibt in seinem Buch „Man's search for meaning" unter anderem, wie sich das Leben in Konzentrationslagern abgespielt hat. Frankl war Jude und hat einige Jahre in den Konzentrationslagern von Theresienstadt und Auschwitz verbracht. Es fiel ihm auf, dass jene Häftlinge, die keinen Sinn in ihren Leben sahen, als erste unter den extrem schweren Bedingungen starben. Diejenigen, die einen Sinn oder eine Aufgabe in ihren Leben fanden, und sei es nur, der Welt zu erzählen, unter welchen schrecklichen Bedingungen sie in den KZs leben mussten, überlebten. Natürlich waren das außergewöhnliche Bedingungen, aber vermutlich hilft das zu verstehen, wieso manche Menschen, die kein Ziel vor Augen haben, schwer depressiv werden können. Die Depression entspringt oft einer tiefen inneren Leere.

Oft kommen dann Gedanken vor wie: „Es hat doch eh alles keinen Sinn." Wenn sich solche Gedanken breitmachen, wird man immer tiefer in den Sog der Depression gezogen.

Setzen Sie sich Ziele in Ihrem Leben. Sie könnten sich ein Lebensziel setzen, aber auch kleine Ziele, die Sie jeden Tag erreichen können. Ich habe mir als oberstes Ziel gesetzt, ich will glücklich werden. Indem ich das tue, werden alle meine „kleineren Ziele" einfacher zu erreichen.

Was denken Sie: Wer arbeitet besser – derjenige, der meist depressiv ist oder derjenige, der meist gut drauf ist? Dabei ist die Arbeit ein wesentlicher Bestandteil von uns. Die meisten Menschen identifizieren sich auch durch ihre Arbeit. Wenn sich jemand vorstellt, gibt er seinen Namen an und fast immer gleich danach, was er beruflich macht. Demnach, wenn unsere Arbeit so wichtig für uns ist, sollten wir auch schauen, dass wir sie so gut wie möglich machen und dass sie möglichst nahe an dem ist, was uns erfüllt und Freude bereitet.

Manche Menschen mögen es nicht, sich Ziele zu setzen, weil sie frustriert und enttäuscht sind, falls sie diese nicht erreichen. Sich ein Ziel zu setzen bedeutet jedoch, für sich einen Sinn im Leben zu finden. Indem man sich ein Ziel setzt, lebt man jedenfalls viel bewusster.

Es gibt keinen Sinn im Leben außer den, den Sie sich selbst geben.

Wenn ich nun beide Konzepte kombiniere, ergibt das, dass ich einerseits frei entscheide und andererseits mir auch wirklich wünsche, glücklich zu werden. Das ist das Fundament, auf dem das Glückskonzept ruht.

Wenn ich nicht glücklich werden will, werde ich es auch nicht und niemand kann mich dazu zwingen.

Schritt 1: Setzen Sie sich als erstes Ziel, glücklich zu werden!

Schritt 2

Ich will glücklich sein

Jeden Morgen, wenn ich aufstehe, wünsche ich mir, glücklich zu sein, den Tag zu genießen und gut drauf zu sein. Ich will Freude in mir aufkommen lassen und spüren, wie gut sich das anfühlt. Ich möchte, dass mein Körper gesund ist. Ich möchte alles Negative von mir weisen und nur Positives anziehen. Ich will begeistert sein von meinem Leben. Ich will das Gefühl wieder spüren, frisch verliebt zu sein, diese Unbekümmertheit zu fühlen, als wenn man schwebt und mehrmals am Tag ohne speziellen Grund lächelt oder weil man an einen geliebten Menschen denkt. Hauptsache, es fühlt sich gut an. Es gibt auch keine Ursache, wieso man nicht glücklich sein dürfte. Der französische Philosoph Voltaire hat es mit einem schönen Augenzwinkern auf den Punkt gebracht: „Da es sehr förderlich für die Gesundheit ist, habe ich beschlossen, glücklich zu sein."

Dies ist eine Art Konditionierung im positiven Sinne. Bitte beachten Sie, dass alle Formulierungen stets positiv erstellt sind, vermeiden Sie Aussagen wie: „Ich will keine Schmerzen mehr spüren." Wenn Sie sich selbst konditionieren, sprechen Sie Ihr Unterbewusstsein an.

Dieses arbeitet mit Bildern und eine Negation eines Bildes ist äußerst schwierig. Was bleibt, ist das ursprüngliche Bild, in diesem Fall der Schmerz. Die Gefahr ist groß, dass Sie sich noch mehr Schmerzen zufügen.

Diese Idee, jeden Morgen den Wunsch nach Glückseligkeit auszudrücken, ist mir ein treuer Weggefährte geworden. Wenn ich es mir nicht wünsche, tut es keiner für mich. Aber auch, wenn mir jemand alles Glück dieser Erde wünschte, passiert nichts, wenn ich es nicht zulasse.

Falls ich auf morgen warte, um glücklich zu werden, ist die Chance groß, es nie zu werden. Letztendlich, wenn man so positiv eingestellt sein kann, dann kommt man nicht umhin, sein Leben viel besser zu genießen.

Nun gibt es einige Psychologen, die argumentieren, man solle sich nichts wünschen. Wenn man sich etwas wünscht, dann ist das Ausdruck eines Mangels. Laut ihnen sollte man sich nicht wünschen, glücklich zu sein, sondern man sollte sich selber sagen, ich bin glücklich. Ich bin nicht dieser Meinung. Denn erstens sind die meisten Menschen nicht oder noch nicht glücklich. Wenn man laut dieser Idee den Anschein haben sollte, man wäre glücklich, dann kommt es mir vor, als würde man sich selbst anlügen. Leider geschieht das auch viel zu oft.

Vor allem die Menschen, die gerne glücklich wären, aber das Gefühl haben, ihr Umfeld würde es ihnen verwehren, sind dazu geneigt, sich eine schöne, heile Welt vorzugaukeln. Zweitens: Indem ich mir etwas wünsche, drücke ich bewusst aus, dass ich mich für etwas entscheide. Ich habe die Wahl und ich habe es in der Hand, glücklich zu sein oder auch nicht.

Es ist nicht falsch, unglücklich sein zu wollen, wenn das Teil der Erfahrungen sein soll, die man machen möchte.

Aber indem ich mich klar und deutlich für „glücklich sein“ entscheide, gebe ich dem Universum ein Signal, dass ich mich für diesen Weg entschieden habe.

Das Leben wird mir dabei helfen. Das geschieht natürlich nicht innerhalb der nächsten Tage. Man muss schon eine Portion Geduld aufbringen. Das ist auch gut so. Ich hatte Klienten bei mir in Behandlung, die während einer längeren Zeit wie in einem Loch und somit in der Dunkelheit gelebt haben. Könnte man sie jetzt von heute auf morgen in einen wirklichen Glücklichkeitszustand versetzen, wie wenn man in einem dunklen Zimmer das Licht anknipst, dann wären sie mehr als wahrscheinlich desorientiert, vom Licht regelrecht verblendet. Indem sie schrittweise ans Licht geführt werden, haben sie erstens die Möglichkeit, ihre Entwicklung zu genießen und zweitens ist die Wahrscheinlichkeit nicht so groß, ins Chaos zu versinken.

Erinnern Sie sich an eine negative Zeit in Ihrem Leben. Vermutlich war die Erfahrung schmerzlich. Aber ich bin mir ziemlich sicher, dass Sie nach dieser schmerzlichen Zeit eine wichtige, positive Veränderung in Ihrem Leben durchgemacht haben. Wahrscheinlich haben Sie sich gewünscht, die schmerzlichen Erfahrungen sollten schnell aufhören und jede Minute fühlte sich wie eine Ewigkeit an. Vielleicht haben manche Menschen schon wieder vergessen, was sie sich gewünscht haben und sehen daher keinen Zusammenhang mehr, wenn es eingetreten ist.

Es fällt auf, dass Krisen meistens mit einer Wende verbunden sind. Im Nachhinein freut man sich, dass man da durchgegangen ist, denn alles hat sich zum Besseren verändert.

Selbstverständlich braucht das seine Zeit. Einige Menschen brauchen nur ein paar Wochen, bei anderen dauert es einige Monate, bis sich etwas ändert. Aber wenn Sie tatsächlich jeden Morgen aufstehen mit dem Gedanken: „Ich will mein Leben genießen, ich freue mich auf den heutigen Tag", dann kann es nicht anders sein, als dass es eintritt.

Ich will mir andererseits aber auch nicht verbieten, eines Tages schlecht drauf zu sein. Ich habe das Recht, morgens aufzustehen und mir zu gestatten, schlecht drauf zu sein. Diese Freiheit will ich mir einfach nehmen. Die Idee „ich will glücklich sein" soll nicht zwanghaft sein.

Wichtig ist es zu wissen: Ich bin derjenige, der entscheidet, ob ich den Tag genieße oder nicht. Aber früher oder später erkenne ich, dass ich einfach mehr vom Leben habe, wenn ich gut drauf bin.

Die Idee ist, man soll Spaß und Freude haben an dem, was man tut. Gleichzeitig bedeutet das auch, man soll das tun, was einem Spaß macht. Wenn es ein Zwang ist, sich jeden Morgen, zu wünschen, man möge glücklich sein, dann hat es das Ziel verfehlt.

Aber der springende Punkt ist, ich entscheide, wie ich drauf sein will und ich lasse es nicht zu, dass mein Umfeld mir irgendetwas aufzwingt.

„Every day without a smile is a lost day." Jeder Tag ohne ein Lächeln ist ein verlorener Tag. (Charlie Chaplin)

Ich durchschreite tatsächlich meinen Tag mit einem Lächeln im Gesicht. Das ist kein gequältes, kein sarkastisches Lächeln, sondern ein warmes, freudiges Lächeln. Beschenken Sie Ihre Freunde und die Menschen, die Sie lieben, und entwaffnen Sie Ihre Feinde, falls Sie welche haben, mit einem Lächeln. Ehrlich gesagt habe ich oft nur ein inneres Lächeln, ein „inner smile“, manchmal, weil die Situation es nicht anders zulässt, manchmal, um Konflikten aus dem Weg zu gehen.

Stellen Sie sich vor, ein Klient kommt zu mir in die Praxis, erzählt mir, was für tragische Ereignisse sich in seinem Leben abgespielt haben und ich habe ein breites Lächeln im Gesicht. Das wäre absurd. Vor allem würde der Klient sich nicht verstanden fühlen. Dennoch habe ich ein inneres Lächeln, weil ich überzeugt bin, der Klient hat es in der Hand, glücklich zu werden, egal, was in seiner Vergangenheit passiert ist. Und weil ich mich freue, ihm helfen zu dürfen.

Ich lächle, weil ich sehr optimistisch und davon überzeugt bin, dass alles, was in unserem Leben passiert, zu unserem absolut Besten passiert. Das einzige Problem besteht darin, dass wir nicht immer wissen, was das Beste für uns zu einem gegebenen Zeitpunkt ist.

Wenn ein Klient über schmerzhafte Erfahrungen berichtet, dann bin ich mir sicher, dass er genau diese Erfahrungen machen musste, um zu reifen. Wenn wir diese irdische Erfahrungen machen, dann nur, um an spiritueller Reife zu gewinnen.

Jeder Tag will erlebt, erforscht und genossen werden. Wir sollten nicht darauf warten, nur einen wirklich schönen Tag zu genießen. Jeder Tag hat es in sich, ein ganz besonderer Tag zu sein.

„Gib jedem Tag die Möglichkeit, der schönste deines Lebens zu werden.“ (Mark Twain)

Das will nicht bedeuten, dass jeder Tag der schönste sein wird, aber wenigstens hat man ihm eine Chance gegeben.

Jeden Morgen **will** ich in Harmonie mit mir selbst und mit meinen Mitmenschen sein. Am Anfang war es oft mühsam, aber ich war überzeugt, dass diese Idee richtig ist und dass sie Sinn macht.

Wenn man überzeugt und begeistert ist von dieser Idee, dann muss man eigentlich nur zum praktischen Teil übergehen.

Mein Klient Mario erzählte mir eines Tages, dass er an einem Nachmittag viel Zeit mit seiner dreijährigen Tochter verbracht hatte. Sie hatten viel miteinander gespielt und gelacht. Als die Kleine müde wurde, nahm er sie zu sich mit ins Bett. Nach ein paar Minuten schlief sie ein und er beobachtete sie beim Schlafen. Er sagte, er wäre sehr berührt gewesen, sie so friedlich schlafen zu sehen. Dieser kurze Augenblick hatte ihn richtig begeistert. Ich wusste in dem Moment, dass es Mario wieder viel besser ging.

Die nächsten Schritte, die ich hier aufführe, sind weitere Möglichkeiten, die Sie unterstützen sollen, dieses Ziel zu erreichen. Seien Sie erfinderisch, lassen Sie sich etwas Eigenes einfallen!

Wenn es in Ihrem Leben nichts gibt, das Sie begeistert, dann leben Sie falsch.

Schritt 2: Seien Sie von Ihrem Leben begeistert!

Positiver und negativer Bereich

Wie ich in der Vorbereitung schon erwähnt habe, wäre es hilfreich, wenn Sie sich selbst regelmäßig beobachten, um zu sehen, ob Sie öfters negative Gedanken und Gefühle haben. Sie sollten versuchen, erst gar nicht in den „negativen Bereich" zu gelangen. Mit „negativem Bereich" meine ich, wenn ich Zorn, Wut, Stress, den Wunsch nach Lug und Betrug, Boshaftigkeit, und Angst, um nur einige der wichtigsten negativen Eigenschaften hervorzuheben, verspüre.

Seien Sie sich sicher, dass diese Negativität Ihnen nichts Vorteilhaftes einbringt in Ihrem Leben. Denn wann machen wir in zwischenmenschlichen Beziehungen Fehler? Doch nur dann, wenn wir im „negativen Bereich" sind. Wenn ich im „positiven Bereich" bin, kann ich meinen Mitmenschen erst gar nicht schaden. Solange ich im „positiven Bereich" bin, kann ich tun, was ich will, ich werde nichts Falsches machen können. Dieser „positive Bereich" beinhaltet für mich Charaktereigenschaften wie Respekt, Freundlichkeit, Ehrlichkeit, Güte und Liebe.

Wenn ich mit einem Klienten arbeite, will ich nicht länger als nötig im „negativen Bereich" bleiben. Wenn depressive Menschen sich so schlecht fühlen, dann, weil sie im „negativen Bereich" sind, also sollte man diesen meiden.

Aus diesem Grund wende ich eine direktive Behandlung bei meinen Klienten an. Bei einer nicht-direktiven

Behandlung lässt der Therapeut seinen Klienten so lange reden, bis er selbst eine Ursache zu seinem Problem findet. Meist gebraucht der Therapeut keinen Plan bei seiner Behandlung. Das Problem ist, der Klient befindet sich die ganze Zeit über im „negativen Bereich“. Meine Idee ist jedoch, der Klient sollte alles tun, um sich im „positiven Bereich“ aufzuhalten. Erst, wenn er seinen Zorn, seinen Frust oder seine Angst ablegen kann, kann er auch seine Lebenseinstellung ändern. Erst, wenn ich merke, dass sie über die Vergangenheit reden können, ohne aufgewühlt zu sein, frage ich meine Klienten, ob sie den Drang verspüren, über ein eventuelles Trauma zu reden. Natürlich verbiete ich meinen Klienten nicht, über ihre Vergangenheit zu reden, auch wenn ich der Meinung bin, dass es nicht viel einbringen wird. Denn der Klient hat diese Vergangenheit bestimmt tausendmal im Kopf Revue passieren lassen, ohne eine Lösung zu finden.

Um glücklich zu sein, muss ich mich im positiven Bereich aufhalten.

Positive und negative Einstellungen

Vorhin fiel ein Wort, das für mich mit der Zeit immer mehr Bedeutung fand: die Lebenseinstellung.

Im Endeffekt ist alles nur eine Frage der Einstellung, denn es gibt keine objektive Realität. Alles, was wir erleben, alles, was wir durch unsere fünf Sinne in uns aufnehmen, geschieht subjektiv.

Es kann nützlich sein, seine Sichtweise zu ändern, um etwas aus einem anderen Blickwinkel zu betrachten. Aber unsere Gefühle spielen eine wichtige Rolle während der Aufnahme dessen, was rund um uns herum passiert. Das bedeutet, dass es sehr schwierig ist, objektiv zu sein.

Nehmen wir das Beispiel der Weltanschauung. Ohne jetzt eine Schwarz-Weiß-Malerei betreiben zu wollen, aber der Einfachheit halber: Würden Sie denken, unsere Welt ist eher ein guter oder ein schlechter Platz zum Leben? Sind Sie der Auffassung, dass es mehr Schlechtes als Gutes auf der Welt gibt?

Ich kann ganz gut verstehen, dass manche Menschen denken, es passiert so viel Schlechtes im Leben. Wenn man immer wieder hört oder sieht, was in den Nachrichten berichtet wird, muss man das Gefühl haben, es gibt nur noch Übel auf der Welt.

Glauben Sie, das, was Sie in den Nachrichten sehen, spiegelt die Wirklichkeit wieder? Ich rede nicht über den Inhalt der Informationen, sondern ob es wirklich nur noch Schlechtes im Leben gibt.

Ich hatte einmal eine Unterhaltung mit einem Arzt, der meinte, er schaue sich mit seiner Familie keine Tagesschau mehr an. Er hatte zwei Töchter im Teenageralter und wollte nicht, dass sie ein falsches Bild von der Welt bekommen.

Was die Nachrichten uns übermitteln, ist nur ein winzig kleiner Teil von dem, was in der Welt wirklich passiert. Jemand entscheidet, was gesendet wird und was nicht. Jemand entscheidet, was für uns wohl interessant sein könnte, sodass wir uns immer wieder Nachrichten im Fernsehen anschauen oder Zeitungen kaufen. Es wird das gesendet, was Menschen gerne sehen wollen.

Leider ist es nun mal so, dass Menschen fasziniert sind, wenn es gewaltsame Tote gibt. Wenn ein Jugendlicher in den USA oder auch viel näher in Deutschland einige Klassenkameraden und Lehrer erschießt, dann wird tagelang darüber berichtet. Evil sells. Das Schlechte verkauft sich besser als das Gute.

Ich will nicht darüber diskutieren, ob es Sinn macht, so viel über solch ein Ereignis zu berichten. Ob das jetzt Sensationspresse ist oder ob es sich um Informationspresse handelt, darüber überlassen ich es Ihnen, zu urteilen.

Ich würde mir jedenfalls wünschen, die Sensationspresse würde von der Informationspresse besser getrennt werden.

Wenn einige Menschen den Drang verspüren, über so manches Elend bestens informiert zu sein, dann sollen sie die Möglichkeit haben, an diese Art von Presse zu gelangen. Es geht ja nicht darum, Menschen zu bevormunden.

Aber ich finde es nicht in Ordnung, wenn ich mich informieren will, was in der Welt geschieht, dass ich nur mit Negativem konfrontiert werde. Es müsste doch möglich sein, eine Tagesschau so zu gestalten, dass Sensationspresse und Infopresse besser getrennt werden. Man könnte zum Beispiel im Fernsehen die Zuschauer davor warnen, dass in den nächsten zehn Minuten nur über Negatives berichtet wird. Wer sich so was reinziehen will, soll es tun, aber diejenigen, die es nicht wollen, sollten wenigstens gewarnt werden.

Es ist schon irgendwie sonderbar, dass es ein Jugendschutzgesetz (JuSchG) gibt, das, wie der Name es sagt, Jugendliche davor schützen soll, vorbehaltlos Filme anzuschauen, die für sie nicht geeignet sind. Zur gleichen Zeit wird aber in den Nachrichten alles Mögliche gesendet.

Denn Fakt ist, wir bekommen nur einen Bruchteil von dem mit, was in der Welt passiert. Für mich ist das eine Art Manipulation. Ich weiß nur nicht, ob bewusst oder unbewusst manipuliert wird.

Ich bin fest davon überzeugt, dass, wenn heutzutage so viele Menschen psychische Probleme haben, das zum Teil auf diese Art von Nachrichten zurückzuführen ist.

Ein Beispiel: Eines Morgens, als ich das Radio einschaltete, hörte ich, dass in Japan ein Zug entgleist war und dass es an die 80 Tote gab. Na toll, sagte ich mir, der Tag fängt ja gut an.

Im Nachhinein fragte ich mich, was ich davon hatte, solche Informationen zu erhalten? Entweder ich stumpfe ab und es ist mir total wurst, ob 80 Menschen sterben oder aber es zieht mich in Mitleidenschaft. Auf Dauer schadet das den Menschen nur. Das sind jedenfalls Informationen, mit denen ich nichts anfangen kann. Ich habe nicht den geringsten Nutzen von Informationen solcher Art. Den Opfern oder deren Hinterbliebenen kann ich jedenfalls nicht helfen.

Dass zur selben Zeit vermutlich 600 Neugeborene (eine rein hypothetische Zahl) das Licht der Welt erblickten, wird natürlich nicht in den Nachrichten berichtet. Weshalb auch, das interessiert sowieso keinen.

Aber Fakt ist, dass die Nachrichten eine Fälschung der Tatsachen vermitteln. Wie schon gesagt, es geht nicht um den Inhalt der Nachrichten. Aber es gibt mehr als wahrscheinlich viel mehr Gutes als Schlechtes, das jeden Tag passiert. Wir achten nur selten auf das Gute, weil wir das als gegeben ansehen und weil so wenig darüber berichtet wird.

Haben Sie das Gefühl, die Welt ist eine Bedrohung für Sie?

Ein letztes Wort zu diesem Thema, das auch darstellen soll, dass wir so einiges verallgemeinern, ohne der Sache auf den Grund zu gehen.

Wenn von Kriegen die Rede ist, so wird oft auf fatalistische Weise gesagt, die Menschen haben von Beginn an Kriege geführt. Oder Menschen sind unreif, denn wenn sie ein Minimum an Reife hätten, würden sie keine Kriege führen. Was manche auch dazu verleitete, zu denken, der Mensch sei von Natur aus schlecht. Aber wenn man genauer hinsieht, dann wird man feststellen, dass nur sehr wenige Menschen an Kriegen interessiert sind. Es sind beziehungsweise waren immer die Herrscher, Anführer und deren enge Gefolgschaft, die Kriege aus Habgier, Macht und Ruhm angezettelt haben. Wer hat einen Vorteil von einem Krieg? Doch nur die, die an der Macht sind. Oder denken Sie, ein Bauer, der sein Land bestellt, ein Winzer, der seinen Wein herstellt, ich könnte eine unendlich lange Liste aufstellen, denken Sie, diese Menschen hätten irgendeinen finanziellen Nutzen von einem Krieg?

Es steht außer Frage, dass wir, was Kriege angeht, immer wieder manipuliert werden. Wenn wir uns die Geschichtsbücher anschauen, stellen wir fest, dass Männer wie Julius Cäsar oder Alexander der Große als bedeutende Feldherren und Strategen dargestellt werden. Wahre Helden sind sie, die großes Ansehen verdienen. Als Jugendlicher wird man dem kaum kritisch gegenüberstehen. Wenn man als Jugendlicher diese Aussagen unreflektiert akzeptiert, ist es kein Wunder, dass man als Erwachsener nicht kritisch gegenüber Kriegen ist und sie als notwendiges Übel ansieht. Aber waren in Wahrheit diese Männer nicht Verbrecher, Mörder, Diebe und Vergewaltiger? Waren es nicht Kriminelle, die in den besetzten Gebieten nur Leid, Tod und Elend verbreiteten?

Wir sollten uns öfters unsere eigene Meinung bilden.

Ganz allgemein betrachtet bin ich der Überzeugung, dass alles, was mir widerfährt, positiv oder negativ bewertet werden kann.

Es gibt keine objektive Realität. Alles in unserem Leben ist subjektiv. Ich kann immer nur von meinem Standpunkt aus beurteilen. Ich kann zwar versuchen, etwas objektiv zu betrachten, aber im Endeffekt gibt es keine Realität außerhalb von mir.

Wenn mir das bewusst wird, dann ist es wichtig zu wissen, dass ich bei allem, was geschieht, immer zwei Möglichkeiten habe, die Dinge zu betrachten: von einem positiven oder von einem negativen Standpunkt aus.

Wenn ich etwas negativ betrachte, dann bin ich erbost, genervt, ängstlich oder vielleicht verzweifelt. Alles Gefühle, die mir nicht sonderlich weiterhelfen.

Wenn ich etwas vom positiven Standpunkt aus betrachte, dann frage ich mich sofort: Was will mir diese Widrigkeit, die mir jetzt gerade passiert, mitteilen? Nichts geschieht aus Zufall. Alles hat seinen Sinn. Ich mag ein Problem haben, den Sinn sofort zu erkennen, aber er ist da. Wenn ich versuche, das Beste aus einer Situation zu machen, dann kann ich nur Vorteile daraus ziehen. Ich könnte Gefühle des Vertrauens, der Dankbarkeit, vielleicht gar der Liebe entwickeln.

Ein Beispiel: Angenommen, ich habe einen Verkehrsunfall verursacht. Wenn ich es von einem negativen Standpunkt aus betrachte, dann bin ich sauer, dass mich der Unfall Geld und Zeit kostet.

Ich könnte mich aber auch fragen, was aus solch einem Unfall Positives herauskommen kann.

Von einem positiven Standpunkt aus betrachtet kann ich mir überlegen, es ist nur ein Blechschaden. Es ist keinem etwas passiert. Es gibt keine Verletzten. Das soll mir eine gute Lehre sein, in Zukunft besser aufzupassen.

Vielleicht soll ich auch lernen, mich auf das zu konzentrieren, was ich gerade tue. Sehr viele Menschen tun etwas, sind aber mit ihren Gedanken ganz woanders.

Eine wertvolle buddhistische Lehre besagt, wir leben nur im Hier und Jetzt. Wenn wir mit unseren Gedanken in der Vergangenheit verweilen, dann vermutlich, weil wir etwas nicht loslassen können. Wenn wir mit unseren Gedanken in der Zukunft sind, dann ist uns unsere Zukunft wahrscheinlich wichtiger als unser jetziges Leben. Vielleicht haben wir Angst, was uns die Zukunft alles bringen wird. Beides hindert uns das Leben voll zu genießen.

Vor allem Menschen, die alles kontrollieren möchten, haben Angst vor dem Ungewissen, vor dem Unvorhersehbaren.

Dabei sollten wir in unsere eigenen Ressourcen und Kapazitäten Vertrauen haben. Was bringt es uns, uns tausend schlimme Sachen vorzustellen, die vermutlich nie eintreffen werden?

Sie könnten jetzt einwenden und fragen: Was, wenn es nicht nur ein Blechschaden war und jemand aus meiner Familie gestorben ist?

Wir haben so wenige Informationen über das Leben und doch verurteilen wir Geschehnisse, ohne den großen Überblick zu haben.

Wenn jemand stirbt, so will das nicht unbedingt bedeuten, dass das schlecht für ihn ist. Natürlich muss man überzeugt sein, dass es ein Leben nach dem Tod gibt. Das bin ich. Ich werde im zweiten Teil des Buches mehr darauf eingehen.

Aus meiner Praxis

Ich werde oft gefragt, ob es nicht anstrengend ist, sich als Psychologe ständig das Leid anderer Menschen anhören zu müssen.

Wenn ich eine negative Einstellung hätte, dann könnte ich diesen Beruf nicht lange ausüben. Mehrere Male hatte ich Klienten, die während fast der ganzen Sprechstunde geweint haben. Das lässt keinen Helfer unberührt. Aber statt mich auf diese negativen Momente einzuschränken, konzentriere ich mich auf die positiven Elemente. Ich weiß, dass ich vielen Menschen helfen konnte. Das gibt mir sehr viel Genugtuung und motiviert mich, weiterzumachen. Zur selben Zeit weiß ich, wenn diese Klienten im Moment ein Problem haben, dann nur, um etwas daraus zu lernen. Nichts geschieht aus Zufall und niemand wird bestraft oder gepeinigt. Wenn jemand eine Widrigkeit erlebt, dann nur, damit er etwas daraus lernen kann und die Möglichkeit bekommt, dadurch reifer zu werden.

Optimist oder Pessimist?

Sie kennen ja das berühmte Glas, das entweder halb voll oder halb leer ist. Eigentlich handelt es sich um einen kleinen Test, um sofort festzustellen, ob man eher ein Pessimist oder ein Optimist ist.

Was sind Sie? Sind Sie ein bekennender Optimist oder ein eingefleischter Pessimist? Oder ändert sich das, je nachdem, wie Sie eine Lage einschätzen?

Für mich steht fest, ein Glas ist halb voll. Irgendwie macht der Gedanke, dass ein Glas halb leer ist, keinen Sinn. Denn wenn Leere gleich null ist, dann ist die Hälfte von null (0:2) immer noch null. Wichtiger ist die Frage, was es mir bringt, ein Glas als halb leer anzusehen. Ich bin ein sehr pragmatischer Mensch und das beeinflusst mein Denken.

Man wird weder zum Optimisten noch zum Pessimisten geboren, noch ist es genetisch bedingt. Es hat eher etwas mit der allgemeinen Lebenseinstellung zu tun.

Was vor allem interessant ist, ist die Tatsache, dass Sie es ändern können, falls Sie pessimistisch sind. Das heißt, wenn Sie dazu bereit sind. Sie haben jedenfalls nur Vorteile, wenn Sie positiv und optimistisch durchs Leben gehen.

Optimist sein, will nicht heißen, Statistiken treten bei mir außer Kraft. Ich weiß, dass es eine sehr gehörige Portion Glück braucht, um einen großen Gewinn im Lotto zu erzielen. Sechs richtige plus Superzahl sind auch für einen Optimisten eine Wahrscheinlichkeit von eins zu 148 Millionen.

Optimist zu sein soll auch nicht heißen, Sie können eine Autobahn zu Fuß überqueren, ohne dass Ihnen das Geringste passieren kann. Fordern Sie ihr Glück nicht heraus!

Das erinnert mich an den Witz von dem Pastor in den USA.

In einem kleinen Dorf in den Südstaaten haben sich alle Einwohner in der Kirche versammelt, um Rettung vor einer bevorstehenden Flut zu suchen. Als das Wasser immer weiter ansteigt, kommt die Feuerwehr und rettet alle Einwohner. Nur der Pastor bleibt in der Kirche. „Ich vertraue auf Gott", sagt er und winkt der Feuerwehr ab. Kurz drauf kommt die Nationalgarde und will dem Pastor, dem das Wasser mittlerweile bis an den Bauch reicht, helfen. „Ihr braucht euch nicht um mich zu kümmern. Ich vertraue auf Gott", meint der Pastor. Als ihm das Wasser bis zum Hals steht, kommt die US-

Army, um ihn zu retten. Wieder winkt der Pastor ab. „Ich vertraue auf Gott." Der Pastor ertrinkt, kommt in den Himmel und regt sich bei Gott auf.

„All die Jahre habe ich dir vertraut, dir treu gedient, und als ich dich brauchte, hast du mich im Stich gelassen."

Worauf Gott ihm antwortet: „Ich habe dir die Feuerwehr, die Nationalgarde und die US-Army geschickt, um dich zu retten. Was hätte ich sonst noch tun sollen?"

Für mich bedeutet Optimist sein, mir keine Sorgen zu machen, was die Zukunft bringen wird. Wenn ich jeden Tag das tue, was ich für richtig halte, brauche ich mir keine Sorgen zu machen. Ich freue mich auf die morgigen Herausforderungen, ich vertraue auf mein Können.

Werden Sie zum Optimisten. Haben Sie Vertrauen in das Leben. Wir neigen viel zu oft dazu, uns nur die negativen Aspekte anzuschauen, während die positiven als gegeben gesehen werden.

Ich denke, die richtige Einstellung hat man dann, wenn man dem Leben und dem Universum vertraut. Das ist nämlich das Problem der Pessimisten, sie haben kein Vertrauen. Pessimist zu sein bedeutet, Angst zu haben. Man hat vor allem Möglichen Angst. Das kann so weit gehen, dass man sich verbietet, das Leben zu genießen, weil man Angst hat. Manche Menschen denken, man muss für alles bezahlen, was man erlebt. Wenn ich eine sehr schöne Zeit erlebe, wird die irgendwann vorbei sein. Danach werde ich traurig sein. Ich werde diese schöne Zeit mit meiner Traurigkeit bezahlen. So in etwa ist die Überlegung.

Aber das wäre so, als wenn man sich überlegen würde: Ich werde eines Tages sterben, also macht es eh keinen Sinn zu leben. Genauso gut könnte ich mir überlegen: Irgendwann muss ich aufs Klo, also macht es eh keinen Sinn, etwas zu essen …

„The optimist sees opportunity in every danger; the pessimist sees danger in every opportunity." – Winston Churchill.

„Der Optimist sieht eine Gelegenheit bei jeder Gefahr; der Pessimist sieht eine Gefahr bei jeder Gelegenheit."

Einzig und allein das, was wir jetzt tun, ist wichtig. Wenn wir uns auf das Hier und Jetzt nicht konzentrieren können, dann verpassen wir die wunderbare Gelegenheit, das Leben in vollen Zügen zu genießen.

In der Vergangenheit oder in der Zukunft mit den Gedanken zu verweilen heißt, wir leben in eine Traumwelt.

Jetzt könnte man einwenden, mich auf das Geschirrspülen oder das Bügeln zu konzentrieren, macht nicht viel Sinn. Aber genau da liegt das Problem meiner Meinung nach. Denn das Leben besteht aus mehr als nur einigen wenigen, großartigen Augenblicken.

Wenn wir es fertigbringen, uns über ganz einfache, bescheidene Dinge zu freuen, wie viel besser werden sich dann die Sachen anfühlen, die uns wirklich begeistern? Ein Unbekannter hat es treffend formuliert:

„Die Kunst des Lebens besteht darin, zu lernen, im Regen zu tanzen, anstatt auf die Sonne zu warten."

Mittlerweile, während der Pessimist, der Optimist und der Realist sich noch immer über das halb leere oder halb volle Glas streiten, hat der Opportunist es ausgetrunken …

Schritt 3: Werden Sie zum Optimist!

Schritt 4

Ein Recht haben

Ich bin überzeugt, wir haben ein Recht, glücklich zu sein. Auch wenn ich in meinem Leben vielleicht einige Sachen falsch gemacht habe, so habe ich dennoch das Recht, glücklich zu sein.

Es gibt viele Religionen, die uns weißmachen wollen, dass wir ständig sündigen. Indem sie das tun, rufen sie in uns ein schlechtes Gewissen hervor. Manche Menschen denken, weil sie in ihrem Leben öfters „gesündigt" haben, hätten sie kein Recht mehr, glücklich zu sein. Lassen Sie sich nichts vormachen. Es gibt keine Sünden. Die einzige Sünde, wenn man so will, ist, die Liebe aus seinem Leben auszuschließen.

Wir alle machen Fehler. Aber genau das ist auch der Grund, weshalb wir auf Erden sind: um Erfahrungen zu sammeln. Wenn einige Kirchen auf uns Druck ausüben wollen, indem sie uns als Sünder darstellen, dann wäre das aber so, als wenn man einem Schüler vorwerfe, er verstehe nichts von Trigonometrie, obwohl er noch nie eine Stunde Mathematik hatte.

Wir sündigen nicht, wir machen Fehler. Fehler machen ist menschlich.

Auch dann, wenn wir einige Fehler wiederholt machen, soll uns das nicht trübselig machen. Vermutlich haben wir die Lektion nicht vollständig verstanden, sonst würden wir diese Fehler nicht noch mal machen. In dem

Moment, in dem wir einsehen, dass ein Fehler uns nichts einbringt außer Ärger, werden wir ihn nicht mehr begehen.

Wir haben ein Recht, glücklich zu sein, auch wenn einige Religionen uns weißmachen wollen, wir wären auf Erden, um zu leiden. Ganz im Gegenteil, wir sind auf Erden, um zu lernen, wie man glücklich wird, obwohl es einige Widrigkeiten gibt, die uns davon abhalten könnten.

Wir haben eine außergewöhnliche Reife erlangt, wenn wir in unserem Leben glücklich oder zumindest sehr zufrieden sind, obwohl einige Sachen (noch) nicht so sind, wie wir es haben möchten. Wir sollten uns auch eher auf die Sachen konzentrieren, die wir haben, statt an die Sachen zu denken, die wir nicht haben.

Glücklich sein ist nur eine Frage der Einstellung.

Man könnte sich nun fragen: Wie kann ich glücklich sein, wenn es so viel Elend auf der Erde gibt? Auch hier bin ich fest überzeugt, dass es keinen Zufall gibt. Wenn es Elend gibt, dann nur, damit Menschen Erfahrungen machen können.

Widrigkeiten sollen uns nicht bestrafen, sondern uns eine Gelegenheit bieten, daran zu wachsen. Wenn es Elend auf der Erde gibt, dann soll es unsere Aufgabe sein, etwas daran zu ändern.

Das Elend wird nicht von Gott erschaffen, sondern von Menschen.

Wie so oft haben Sie auch hier zwei Möglichkeiten, dem Elend gegenüberzustehen. Wir können eine negative

Einstellung haben und uns sagen, ich kann eh nichts daran ändern. Oder wir können ein positives Verhalten haben. Wir könnten uns zum Beispiel sagen, das Elend verschwindet nicht von selbst. Ich kann meinen Teil dazu beitragen, die Welt etwas besser zu hinterlassen, als ich sie vorgefunden habe.

Ich gehe sogar noch einen Schritt weiter und behaupte, wir haben nicht nur ein Recht, sondern auch die Pflicht, glücklich zu sein. Wenn wir schlecht drauf sind, gibt es eine große Wahrscheinlichkeit, dass wir unser Umfeld, vor allem unsere Freunde und Familie, negativ beeinflussen.

Eine Klientin, Danielle, kam in meine Praxis, weil sie erschöpft war. Ihre Mutter war sehr krank und sie musste sich um sie kümmern. Aber sowohl physisch wie auch psychisch fühlte sie sich sehr müde. Für mich war es wichtig, dass sie an erster Stelle auf ihre eigene Gesundheit achten sollte. Ihrer Mutter wäre nicht geholfen, wenn sie krank werden würde, ganz im Gegenteil. Sie hatte anfangs auch Mühe, sich zu gestatten glücklich zu werden. Aber mit der Zeit wurde ihr bewusst, dass sich die Lage ihrer Mutter nicht ändern würde, egal, ob sie selbst unglücklich oder glücklich wäre. Indem sie zuließ, ihren Tag zu genießen ohne Wenn und Aber, konnte sie ihrer Mutter viel besser helfen. Sie hatte weniger Probleme, sie ins Krankenhaus zu begleiten, was einige Monate zuvor für sie ein Horror gewesen war.

Wie schon erwähnt, wenn man nicht an einem Leben nach dem Tod glaubt oder glauben will, dann ist es natürlich viel schwieriger. Wenn man überzeugt ist, man wird sich später wiedersehen, dann kann man den Tod besser akzeptieren.

Ich merke immer wieder, dass depressive Menschen wissen, dass sie ihren Lieben zusetzen, wenn sie besonders schlecht drauf sind.

Wie das bei Mario der Fall war. Vielleicht haben sie nicht die Kraft, sich aus dem Loch herauszuziehen, weil ihnen an sich selbst nicht viel liegt. Aber vielleicht können sie die Kraft aufbringen, wenn sie sich überlegen, ihren Lieben damit zu helfen.

Eins der Merkmale einer Depression ist, dass depressive Menschen sich vor allem auf sich selbst konzentrieren. Meistens kreisen immer wieder Gedanken im Kopf wie: Wieso musste gerade mir das passieren? Was habe ich getan, um so bestraft zu werden? Ich will nicht behaupten, dass depressive Menschen egoistisch oder egozentrisch sind. Vermutlich wäre ihnen aber geholfen, wenn sich nicht alles um sie drehen würde und sie sich etwas mehr um die Probleme ihrer Familie oder Freunde kümmern würden.

Schritt 4: Seien Sie sich bewusst, dass Sie ein Recht haben, glücklich zu sein, was auch immer in Ihrem Umfeld passiert!

Schritt 5

Das soziale Umfeld

Im Schritt 2 habe ich darauf hingewiesen, dass Sie sich jeden Tag wünschen sollen, glücklich zu sein. Meine Klientin Nicole wandte ein, so einfach ist das nicht. Ich wünsche mir schon, meinen Tag zu genießen, aber manche Menschen vermasseln mir meine Freude. Es geht schon los, wenn ich zur Arbeit gehe. Mein Chef setzt mich dermaßen unter Druck, dass mir jede Freude vergeht. Man kann hier vom Chef auf der Arbeit oder von einem Lebensgefährten reden. Genau so gut könnte man sich auch einen Lehrer vorstellen, der mit seinem Schüler nicht klarkommt.

In unserem sozialen Umfeld gibt es immer wieder Menschen, die uns, bewusst oder unbewusst, das Leben schwer machen. Aber den Leuten, die sich das Leben schwer machen lassen, möchte ich entgegnen, dass wir immer die Wahl haben. Entweder lasse ich mir meinen Tag von Menschen, von einem Ereignis, vom schlechten Wetter oder von was auch immer vermiesen oder nicht.

Wir müssen bedenken, was für eine Macht wir dem Chef überlassen, wenn wir uns den Tag von diesem übel gelaunten Menschen vermiesen lassen. Dieser Mensch, den wir vermutlich nicht gerade mögen, bestimmt über unser Leben, oder zumindest über einen großen Teil unseres Lebens. Wollen wir das wirklich zulassen? Ich denke, spätestens nach dieser Einsicht, also dass ein außenstehender

Faktor so viel Macht über unser Leben hat, müssten wir etwas unternehmen und das nicht mehr zulassen.

Ich gebe zu, es ist theoretisch leichter gesagt als getan. Am Anfang hat man Schwierigkeiten, es im Alltag umzusetzen. Aber wenn eine Theorie in sich richtig und schlüssig ist, dann ist sie auch in der Praxis umsetzbar.

Natürlich braucht es Zeit, diese Theorie in Ihrem Leben praktisch anzuwenden, aber Sie haben sehr große Vorteile davon.

Wenn man sich diesen Gedanken angeeignet hat, kann man sich auch Strategien ausdenken, wie man sich den Tag nicht vermiesen lässt. Zum Beispiel könnte man sich ein Spiel ausdenken. Ich gehe morgens zur Arbeit, der Chef ist wieder schlecht gelaunt, ich sage mir, ich lasse mir den Tag nicht vermiesen. Das Spiel lautet, ich will mein Lächeln nicht verlieren. Natürlich geht es hier wieder um ein „inneres Lächeln", ansonsten könnte man sofort mächtige Probleme bekommen. Mein Ziel ist es, nicht aus der Ruhe zu kommen. Wenn ich genügend Abstand habe, werde ich merken, dass immer, wenn jemand versucht, mich zu beleidigen, oder aus dem Konzept zu bringen, die beste Gegenwehr darin besteht, das Manöver zu durchschauen und es dann nicht zu zulassen.

Mein Gedanke über den Chef könnte auch sein, was für ein armer Mensch, ich sollte eigentlich Mitleid mit ihm haben. Vermutlich bekommt er von seinem Vorgesetzten, seiner Frau oder seinem Mann so viel oder vielleicht noch mehr Druck als ich von ihm. Eigentlich tragen wir dieselbe Last, ich sollte nicht so sauer auf ihn sein.

Genauso verhalte ich mich, wenn mich jemand beleidigt. Jemand beschimpft mich. Erstens sind es nur Worte. Zweitens will er etwas Bestimmtes erreichen, indem er mich beschimpft. Wenn ich mich darüber aufrege, dann hat er sein Ziel erreicht. Mir ist aufgefallen, dass wenn ich mich ruhig verhalte oder gar schmunzele, sich mein Gegenüber aufregt. Vermutlich, weil sein Plan nicht aufging und ich ihn durchschaut habe.

Pit, ein ehemaliger Gefängniswärter, ist ein ausgesprochen freundlicher und friedfertiger Mensch. Jedoch hat sich eine Menge Wut in ihm aufgestaut, die vor allem aus Ungerechtigkeiten stammt, die er in seinem Leben erdulden musste. Manchmal brodelt es in ihm und dann braucht es nur eine Kleinigkeit, und er kann seine Wut nur mit aller Mühe kontrollieren. Ich habe ihn darauf aufmerksam gemacht, wie gefährlich das sein kann. Jemand, der ihn gut kennt und weiß, wie er reagiert, könnte sich das zunutze machen.

Ich habe versucht, ihm das klar zu machen mit dem Beispiel von Zidane und Materazzi.

Während der Fußball-Weltmeisterschaft 2006 in Deutschland wurde Zidane im Finale Frankreich gegen Italien des Feldes verwiesen nach einem Kopfstoß gegen Materazzi. Der Italiener Materazzi hatte Zidane am Trikot festgehalten, worauf der Franzose meinte, er könne das Trikot nach dem Spiel haben. Materazzi erwiderte, ich bevorzuge deine Schwester, die Nutte. Materazzi kannte Zidane aus der italienischen Liga und wusste, dass er ein Hitzkopf ist. Er brauchte bei Zidane nur auf den richtigen Knopf zu drücken.

Sollten Sie aber immer wieder Probleme mit Ihrem Chef haben, dann gibt es drei Möglichkeiten: kämpfen, ignorieren oder flüchten.

Unter „**kämpfen**" verstehe ich, Sie sollten ein Gespräch suchen. Sagen Sie Ihrem Chef, Sie können nicht besser arbeiten, wenn er Sie anbrüllt. Sie sollten aber hier ehrlich mit sich selbst sein. Macht Ihnen Ihre Arbeit Spaß? Oder müssen Sie sich morgens immer zur Arbeit schleppen? Könnte es sein, dass Ihr Chef recht hat und Sie sich wirklich nicht genügend einsetzen? Es könnte durchaus sein, dass Sie das Gefühl haben, Sie würden viel leisten, aber Ihr Chef der Meinung ist, Sie könnten wesentlich mehr tun. Aber so, wie es in unserer Gesellschaft heute ausschaut, denke ich eher, dass Menschen bei ihrer Arbeit immer mehr Druck zu spüren bekommen, immer mehr leisten sollen, für weniger Geld.

Bringen Sie es fertig, den Chef zu **ignorieren**, falls Sie die Arbeit, aber den Chef nicht mögen? Manche Menschen bringen es tatsächlich fertig, Konfrontationen aus dem Weg zu gehen und damit Erfolg zu haben. Jedoch befürchte ich, dass die meisten Menschen nicht damit klarkommen, wenn der Chef dauernd nörgelt.

Wenn aber alles nichts nützt und Sie vergeblich versucht haben, etwas an Ihrer Situation zu ändern, dann bleibt Ihnen nur die **Flucht**. Suchen Sie sich einen anderen Job. Das Wort „Flucht" mag vielleicht einen negativen Beigeschmack haben, aber meiner Meinung nach versteckt sich hinter der Flucht sehr viel Courage.

Denn um etwas Neues anzufangen, braucht man Mut. Leider gibt es sehr viele Menschen, die lieber das Altbewährte erdulden, als dass sie etwas Neues ausprobieren. Aber Ihre Gesundheit und Ihre Glückseligkeit sind es wert, etwas in Ihrem Leben zu ändern.

Loslassen und verzeihen

Manche Menschen haben in ihrer Kindheit schlimme Erfahrungen gemacht. In vielen Fällen haben gerade die Menschen, die Kindern Schutz und Geborgenheit gewähren sollten, sie misshandelt. Für viele Menschen ist es äußerst schwierig, diese Misshandlungen zu vergessen. Sie schleppen ihr ganzes Leben dieses Leid mit sich rum. Einerseits ist es verständlich, dass man Geschehenes nicht so einfach vergessen kann. Aber die Vergangenheit kann man andererseits nicht mehr ändern. Ich bin überzeugt, dass Vergebung die einzige Möglichkeit ist, die Geschehnisse ruhen zu lassen. Verzeihen bedeutet nicht, dass das, was geschehen ist, nicht so schlimm war. Es bedeutet schon gar nicht, dass man einverstanden ist mit dem, was geschehen ist. Es bedeutet, ich will mich selbst nicht mehr weiter damit quälen. Ich akzeptiere die Vergangenheit so, wie sie ist. Ich messe ihr nur weniger Bedeutung zu.

Die schlechten Erfahrungen sollen mein Leben nicht mehr kontrollieren.

Was geschehen ist, ist geschehen, jetzt will ich nach vorne schauen. Ich habe ein Recht darauf, glücklich zu sein, und will es werden.

Man könnte sich einen Dialog vorstellen, in dem man dem Täter klar sagt, dass das, was er getan hat, falsch ist und mit der Zeit wird es nicht besser werden. Wenn man ihm verzeiht, dann in erster Linie, damit einem selbst geholfen wird. Oft wird gesagt, die Zeit heilt alle Wunden. Es ist nicht die Zeit, die die Wunden heilt, es ist unsere Einstellung. Für manche Menschen können

Geschehnisse aus der Vergangenheit sich anfühlen, als wenn sie erst gestern passiert sind, obwohl das Ganze sich zum Beispiel schon vor 15 Jahren abgespielt hat. Aber wenn ich mir sage, dass ich mich besser fühlen werde, wenn ich die Stärke finde, zu verzeihen, dann tue ich mir selbst Gutes.

Lassen Sie niemand anderen bestimmen, wozu Sie fähig sind.

Das Schlimmste, was man machen kann, ist, sich selbst zu bemitleiden und sich als Opfer anzusehen. Dies ist eine sehr gefährliche Einstellung, denn wenn man Opfer ist, denkt man, man könne nichts ändern. Man wäre anderen Menschen ausgeliefert. Genau diese Idee sollten Sie verwerfen. Andere Menschen können Ihnen psychisch gar nichts anhaben, solange Sie es nicht zulassen.

Genauso wenig können andere Menschen wissen, wozu Sie fähig sind und wozu nicht. Ihr soziales Umfeld wird Sie nie so gut kennen wie Sie selbst.

In diesem Zusammenhang kann der Spruch „Nosce te ipsum", „Erkenne dich selbst", einen ganz anderen Sinn bekommen. In der griechischen Antike hatte der Satz die Bedeutung, der Mensch solle sich bewusst sein, dass er sterblich, unvollkommen und begrenzt ist. Dieses Zitat könnte aber genauso gut eine Aufforderung sein, zu erkennen, wo unsere Grenzen liegen und wozu wir fähig sind. Man soll sich besser kennenlernen. Natürlich sind wir sterblich und nicht vollkommen. Aber wir können so viel mehr, als manche Menschen es behaupten. Ich ziehe die Erkenntnis der amerikanischen Bestsellerautorin Marianne Williamson jedenfalls vor:

„Our deepest fear is not that we are inadequate. Our deepest fear is that we are powerful beyond measure. It is our light, not our darkness that most frightens us. We ask ourselves, Who am I to be brilliant, gorgeous, talented, fabulous? Actually, who are you not to be? You are a child of God. Your playing small does not serve the world. There is nothing enlightened about shrinking so that other people won't feel insecure around you. We are all meant to shine, as children do. We were born to make manifest the glory of God that is within us. It's not just in some of us; it's in everyone. And as we let our own light shine, we unconsciously give other people permission to do the same. As we are liberated from our own fear, our presence automatically liberates others."

„Unsere größte Angst ist nicht, dass wir unzureichend sind. Unsere größte Angst ist, dass wir mächtig sind jenseits einer Maßgröße. Es ist unser Licht, nicht unsere Dunkelheit, das uns am meisten verängstigt. Wir fragen uns selbst, wer bin ich, um so brillant, großartig, talentiert, fabelhaft zu sein? Eigentlich: Wer sind Sie, um es nicht zu sein? Sie sind ein Kind Gottes. Sich klein zu machen, hilft der Welt nicht weiter. Es ist nicht erleuchtend, sich klein zu machen, sodass andere Menschen sich in Ihrer Gegenwart nicht unsicher fühlen. Wir sind alle bestimmt zu glänzen, so wie Kinder es tun. Wir sind geboren, die Herrlichkeit Gottes, die in uns ist, bekannt zu machen. Sie ist nicht nur in einigen von uns, sie ist in jedem. Und indem wir unser eigenes Licht erstrahlen lassen, geben wir unbewusst anderen Menschen die Erlaubnis, dasselbe zu tun. Indem wir von unseren eigenen Ängsten befreit sind, befreit unsere Gegenwart andere automatisch."

Marianne Williamson
Diese Aussage wird oft fälschlicherweise Nelson Mandela zugeschrieben, aber sie stammt aus ihrem Bestseller „A Return to Love: Reflections on the Principles of a Course in Miracles“ (1992).

Schritt 5: Lassen Sie niemanden Ihr Leben bestimmen!

Schritt 6

Die Lebensaufgabe

Gibt es etwas in Ihrem Leben, das Sie davon abhält, glücklich zu werden? Ich gebe meinen Klienten eine Hausaufgabe, in der sie eine Liste von zehn Störfaktoren erstellen sollen, die sie davon abhalten, das Leben richtig zu genießen. Wenn Sie die Liste erstellt haben, fragen Sie sich auch, ob und welche Änderungen Sie vornehmen können. Wie schon im Schritt 5 erwähnt: Falls Ihr Chef Ihnen jeden Tag vermasselt, sollten Sie ernsthaft darüber nachdenken, etwas in Ihrem Leben zu ändern.

Und was stört Sie am meisten in unserer Gesellschaft? Was würden Sie in unserer Welt abschaffen beziehungsweise ändern? Sind es die endlosen Kriege? Ist es die Armut auf der Welt? Ist es die Art und Weise, wie Menschen ständig manipuliert werden?

Ich bin fest überzeugt, jeder hat eine Lebensaufgabe. Manche Menschen tun sich schwer, herauszufinden, was ihre sein könnte. Vielleicht, weil sie sich die Frage nach dem Sinn des Lebens nicht stellen. Andere fühlen sich von einer Aufgabe regelrecht angezogen und tun einfach das, was sie für richtig halten, ohne sich viele Gedanken zu machen. Meiner Meinung nach gibt es zwei Möglichkeiten, herauszufinden, was unsere Lebensaufgabe ist. Die erste Möglichkeit möchte ich hier beschreiben, die zweite im Schritt 9.

Wenn etwas in unserer Gesellschaft Sie richtig stört, dann ist das ein Zeichen, dass Sie eigentlich etwas dagegen unternehmen sollten. Ich bin mir sicher, dass Sie nie richtig zur Ruhe kommen, wenn Sie nichts dagegen unternehmen. Wenn ich zum Beispiel ein Problem damit habe, dass es so viele Kriege gibt, dann muss ich konkret etwas unternehmen. Wenn man sieht, dass Unrecht geschieht und man unternimmt nichts dagegen, ist man dann nicht mitschuldig? Ich weiß, ich wiederhole mich … Es wäre eine gute Ausrede zu sagen: Ich bin kein Idealist, sondern ein Realist und zu denken, einen Krieg einfach so aufzuhalten, wäre naiv. Aber wie viele Menschen reden sich so etwas ein, nur um einen guten Vorwand zu haben, nichts gegen Kriege zu unternehmen?

Aber es stimmt, man kann nichts gegen Kriege unternehmen. Man kann nur etwas für den Frieden tun. Dies ist für mich eine sehr wichtige Überlegung. Man sollte nie etwas Negatives bekämpfen, sondern für etwas Positives eintreten. Gegen einen Krieg anzutreten würde uns zermürben und uns früher oder später nur Negatives einbringen. Wir würden selten, wenn überhaupt Fortschritte in unserem Tun erleben. Als Resultat wäre es mehr als wahrscheinlich, dass wir frustriert und desillusioniert aufgeben würden.

Anders ist es, wenn wir uns für den Frieden bemühen. Wenn wir für den Frieden arbeiten, so ist das ein positives Unterfangen. In diesem Fall können wir Fortschritte feststellen, zum Beispiel wenn man einem Anti-Kriegs-Verein beitritt und dieser dann vermehrt Mitglieder aufnimmt oder wenn man viele Unterschriften sammelt gegen einen Krieg.

Ich mache hier kurz eine Klammer auf (wenn ich mir die Bewegung Occupy Wall Street, also Besetzt die Wall Street ansehe, dann frage ich mich, ob sie erfolgreich sein wird. Ich befürworte diese friedliche Protestbewegung, die soziale Ungerechtigkeiten und den Einfluss der Wirtschaft auf die Politik anprangert. Aber das Problem ist, sie bietet keine Alternative an. Darum wird diese Bewegung in meinen Augen nicht erfolgreich sein.)

Ich erinnere mich noch sehr gut an die Massenkundgebung vom 15. Februar 2003. Während dieser Protest-Demo haben sich mehr als zehn Millionen Menschen in verschiedenen Städten auf der ganzen Welt getroffen, um gegen den bevorstehenden Krieg im Irak zu demonstrieren. Manche Medien gingen von 15 Millionen Menschen weltweit aus. Natürlich hatte man den Krieg nicht verhindern können. Ich war mit meiner Familie auch dabei. In der Geschichte der Menschheit hatten sich noch nie so viele Menschen für den Frieden eingesetzt. Ich denke, es hätten sich sehr viel mehr Menschen eingefunden, wenn sie nicht daran gezweifelt hätten, es würde etwas bringen. Sicherlich, der Krieg fand stand. Aber wenigstens haben wir versucht, uns dagegen zu wehren. Ob diese Bewegung gar nichts gebracht haben soll, wage ich zu bezweifeln. Ich bin mir sicher, es wird immer schwieriger für diese Kriegstreiber, neue Konflikte zu schüren und anzustiften.

Ich kann nicht von Frieden reden, ohne einen der für mich größten Friedenskämpfer zu erwähnen, die es je gab. Ich möchte kurz von Peace Pilgrim erzählen, ohne zu weit in die Details zu gehen. Aber vielleicht nehmen Sie sich etwas Zeit und googeln nach diesem wunderbaren Menschen. Es lohnt sich.

Peace Pilgrim hat von 1953 bis 1981 die ganzen USA mehrmals zu Fuß durchquert, ohne einen Cent in ihrer Tasche. Sie hat nie um ein Essen oder eine Unterkunft gebettelt. Sie musste nie länger als drei Tage fasten, bis jemand ihr eine Mahlzeit und eine Unterkunft anbot. Was sie daraus schließen ließ, dass der Mensch von Natur aus gut ist. Sie nahm jede Gelegenheit wahr, Fernsehsender oder Presse in den verschiedenen Ortschaften aufzusuchen, um ihre Botschaft zu vermitteln. Diese war, in ihren Worten:

**„Das ist der Weg des Friedens:
Überwinde Böses mit Gutem,
Falschheit mit Wahrheit
und Hass mit Liebe."**

Peace Pilgrim war überzeugt, dass man sich für den Frieden auf der Welt erst dann einsetzen kann, wenn man selbst friedlich ist. Demnach ist der „innere Frieden" eine wichtige Voraussetzung. Eine ihrer Weisheiten hat mich tief beeindruckt: Sie behauptet, niemand kann einen anderen Menschen psychisch verletzen, wenn dieser das nicht zulässt.

Für mich steht außer Frage, dass Peace Pilgrim wirklich glücklich war bei dem, was sie tat. Ich will damit nicht sagen, dass wir alle auf Pilgerschaft gehen und ihr nacheifern sollen. Nur sehr wenige Menschen bringen es fertig, sich vollends ihrer Lebensaufgabe hinzugeben. Aber das ist auch gar nicht erforderlich. Wichtig ist, dass man nach wie vor Spaß hat bei dem, was man tut. Wenn der Spaß verloren geht, dann ist das für mich ein Zeichen, dass man zu viel des Guten tut.

Die Lebensaufgabe muss nicht unbedingt in Form eines Lebensunterhalts bestehen. Es kann durchaus ein Hobby sein. Wichtig ist es auch, dass es für Sie Sinn macht.

Für mich selbst stand aber zu einem bestimmten Zeitpunkt fest, Wertpapierhändler zu sein war nicht meine Lebensaufgabe. Während meines Studiums zum Psychologen habe ich ehrenamtlich auch bei einer Telefonseelsorge gearbeitet und gemerkt, Menschen zu helfen macht mehr Sinn als für eine Bank Geld zu verdienen.

Ich habe meine Lebensaufgabe gefunden.

Schritt 6: Finden Sie Ihre Lebensaufgabe!

Schritt 7

Eine Liste erstellen

Was brauche ich, um glücklich zu werden? Was tut mir gut? Was gibt mir Kraft? Woran habe ich Spaß? Sie können sich eine Liste aufstellen mit den Sachen, die Ihnen helfen, (wieder) in eine positive Gemütsverfassung zu gelangen. Das können Sachen sein, die Sie ohne Weiteres an einem Tag erledigen können. Wenn ich durch irgendeine Ursache aus der Bahn geworfen werde, hilft es mir zum Beispiel, Musik zu hören. Manchmal hilft es mir, wenn ich im Wald spazieren gehe.

Carla, eine meiner Klientinnen, hatte in ihrer Liste „mein Fotoalbum anschauen" aufgeschrieben. Im ersten Augenblick war ich erstaunt, aber im Nachhinein fand ich diesen Eintrag in der Liste sehr hilfreich. Denn Fotos macht man fast ausschließlich, um sich an schöne Momente zu erinnern. Indem man sich diese Fotos ansieht, kann man sich wieder in den positiven Gemütsstand versetzen, als sie entstanden.

Für mich ist Humor ein wichtiger Faktor. Lachen ist gesund, das wird Ihnen jeder Arzt sagen. Beim Lachen werden im Körper 80 Muskeln betätigt. Herzhaftes Lachen kräftigt das Herz-Kreislauf-System und halbiert die Herzinfarktgefahr. Eine wissenschaftliche Studie hat gezeigt, dass Kinder rund 400 mal am Tag, Erwachsene dagegen nur 15 mal lachen. Nicht umsonst erfreuen sich Lach-Yoga-Kurse stetig wachsender Beliebtheit.

Das sind Gründe genug, um mir deshalb ab und zu zehn, fünfzehn Minuten Zeit zu nehmen, um Witze zu lesen oder mir lustige Videos anzuschauen.

Seien Sie kreativ und finden Sie heraus, was Ihnen gut tut.

Wiederum ist es wichtig zu bemerken, dass wir bewusst etwas unternehmen. Wenn ich früher aus dem Bauchgefühl gehandelt habe und das getan habe, was mir Spaß macht, so kann ich weiterhin meinem Bauchgefühl, meiner Intuition folgen und das machen, was mir gefällt. Der Unterschied ist jetzt: Das, was ich tue, tue ich bewusst.

Was ist der Vorteil, etwas bewusst zu tun? Wir erschaffen jeden Tag unsere Welt neu. Wenn wir es nicht bewusst machen, dann tun wir es unbewusst. Unsere Gedanken sind ständig am Erschaffen. Wenn wir keine Struktur in unseren Gedanken haben, leben wir im Chaos. Die einzige Möglichkeit, Struktur zu erschaffen, ist, sich unserer Gedanken und Taten bewusst zu sein und sich auf das zu konzentrieren, was wir gerade tun. Besteht keine Struktur in unseren Gedanken, dann treiben wir wie Treibholz in einem Fluss. Schlimmer wird es, wenn unsere Gedanken sich in der Negativität aufhalten, dann erschaffen wir Negatives. Darum nochmals die Bitte an Sie, seien Sie sich bewusst, wie oft am Tag Sie negative Gedanken haben und versuchen Sie, diese loszuwerden.

Eine gute Idee wäre auch, zum Beispiel einen guten Freund zu fragen, wodurch er Kraft schöpft. Dieser Bekannte hat vielleicht Ideen, auf die man gar nicht gekommen ist und die sich als sehr nützlich erweisen. Darüber hinaus gibt das einen sehr interessanten Gesprächsstoff, der uns mehr als wahrscheinlich nützlich sein kann, den Freund besser kennenzulernen.

Wir sollten uns die Zeit nehmen, um täglich etwas zu unternehmen, das uns gut tut. Der bloße Gedanke, dass ich mich darum kümmere, dass es mir gut geht, sollte sich gut anfühlen. Es ist auch nicht falsch, sich ab und zu etwas zu gönnen, sich selbst kleine Geschenke zu machen. Vor allem wenn man, wie im Schritt 1 erwähnt, sich kleine Ziele steckt und diese dann erreicht werden, sollte Sie sich etwas gönnen. Das hat den Vorteil, dass Sie sich weiterhin motivieren.

Ein Zahnarzt kam zu mir, um Probleme aus seiner Ehe zu besprechen. Bei seiner Liste fiel mir auf, dass er jahrelang auf einige Sachen verzichtet hatte, die ihm Spaß machten, weil er der Meinung war, er müsse mehr Zeit mit seiner Familie verbringen. Ihm gefiel es, lange Wanderungen in den Wäldern zu unternehmen, ins Kino zu gehen und sich ab und zu mit Freunden auf ein Bier zu treffen. Er hatte das Gefühl, als Familienvater müsste er alles mit seiner Familie unternehmen. Sicherlich hat man als Junggeselle mehr Zeit für sich, und wenn man eine Familie hat, möchte man so viel Zeit wie möglich mit ihr verbringen. Aber wen wundert es, dass dieser Mann Probleme in der Ehe bekam? Schließlich „musste" er vieles aufgeben, was ihm Freude bereitete.

Wenn man unbewusst längere Zeit auf einige Sachen verzichtet, die einem Spaß machen, dann bekommt man das Gefühl, es fehle einem etwas. Meistens weiß man nicht genau, woran es liegt und gerade deshalb ist es wichtig, sich Gedanken zu machen, in sich hinein zu fühlen, um zu verstehen, was einem fehlt.

In diesem Fall war es eigentlich nur ein Problem der Zeiteinteilung. Es ist ein riesengroßer Unterschied, ob man sich einmal die Woche mit Freunden trifft oder ob man jeden Tag nach der Arbeit in die Stammkneipe fährt. Die Qualität der gemeinsam verbrachten Zeit ist wichtiger als die Quantität.

Wir können oder sollten die Erstellung der Liste mit unserem Lebenspartner gemeinsam planen. Jeder könnte einen Plan für sich ausarbeiten und dann zusammen schauen, was sind meine Bedürfnisse und was sind deine. Kann ich dazu beitragen, deine zu verwirklichen und kannst du mir bei meinen helfen? Auch hier darf es nicht zu einem Zwang kommen. Man muss nicht jede Woche einen Plan erarbeiten. Aber wir verändern uns ständig, und was uns gestern noch als wichtig erschien, sieht morgen womöglich anders aus. Deshalb finde ich es nützlich, sich öfter die Frage zu stellen, was einem Spaß macht, was man diese Woche unternehmen will und in diesem Fall, was man als Familie unternehmen will. Natürlich sollte jedes Familienmitglied berücksichtigt werden.

Schritt 7: Erstellen Sie eine Liste!

Schritt 8

Positive und negative Eigenschaften

Sie, liebe Leserin, lieber Leser, sind die wichtigste Person in Ihrem Leben. Ab einer gewissen Zeit in Ihrem Leben, bei einigen trifft das früher ein als bei anderen, müssen Sie sich selbst um Ihr Leben kümmern. Sie müssen lernen, selbstständig zu sein, auf den eigenen Füßen zu stehen.

Eigentlich müsste es selbstverständlich sein, dass jeder mit sich selbst klarkommt. Ist es aber leider nicht. Sehr viele Menschen leben in einer Disharmonie mit sich selbst. Wie ich vorhin erwähnt habe, habe ich mich eine Zeit lang sehr intensiv mit den Problemen einiger potenzieller Selbstmörder befasst. Vor allem bei ihnen fiel mir auf, dass fast alle sich selbst hassten.

Darum finde ich diesen achten Schritt so wichtig. Es ist der Versuch, eine Harmonie in sich selbst (wieder) aufblühen zu lassen. Deshalb finde ich es sehr sinnvoll, eine Liste aufzustellen mit meinen positiven Eigenschaften. Was mag ich an mir? Worauf kann ich stolz sein? Was sind meine Stärken? Wozu bin ich fähig? Ich sollte dabei versuchen, so ehrlich wie möglich zu sein.

Andererseits sollte ich auch eine Liste erstellen mit den Eigenschaften, die ich nicht so sehr an mir mag. Man sollte aber diese negativen Eigenschaften nicht bewerten. Es geht gar nicht darum, sich selbst Vorwürfe zu machen.

Wir haben alle ein Bild von uns selbst, ein Ich-Bild. Das Erstellen der Liste soll uns ermöglichen, ein genaueres Bild von uns zu formen. Daneben haben wir ein Bild von uns, wie wir eigentlich gerne wären, ein Ideal-Bild. Natürlich geschieht das im Unterbewusstsein. Die wenigsten von uns analysieren sich selbst. Aber wenn wir uns bewusst damit auseinandersetzen, wie wir uns sehen und wer wir sein möchten, ergibt sich daraus ein großer Vorteil. Denn wenn der Unterschied zwischen unserem Ideal- und unserem Ich-Bild zu groß ist, dann besteht eine Disharmonie in uns.

Die Idee dabei ist, zu sagen: Das bin ich mit meinen Schwächen und meinen Stärken. Ich sollte versuchen, mich so zu akzeptieren, wie ich bin und alles, was mir nicht gefällt, zu ändern. Das Ziel ist, mit mir selbst in Harmonie zu treten, mich selbst zu lieben. Denn es spricht für sich, dass man nicht glücklich sein kann, wenn man sich selbst hasst oder mit sich selbst nicht klarkommt.

Sie könnten sich auch die Fragen stellen: Was hat mir in der Vergangenheit geholfen, als ich damals nicht so gut drauf war? Was habe ich getan, als es mir damals schlecht ging und es mir dennoch gelungen ist, aus dem Loch hinauszufinden?

Es ist auch wichtig zu wissen, dass gesunde Menschen die Ursachen eines Problems in außenstehenden Faktoren suchen, während Menschen mit mehr oder weniger schweren Depressionen die Ursachen für ihre Fehler fast ausschließlich bei sich selbst sehen. Dies ist auch eins der besonderen Merkmale einer Depression.

Sicher haben Sie gehört, wie Fußballtrainer bei einer Niederlage Ausreden jeder Art suchen. Nur geben sie nie gerne zu, dass ihre Mannschaft schlecht gespielt hat.

„Das war ja kein Fußballfeld, sondern der reinste Acker.“ (Die gegnerische Mannschaft spielte natürlich auf einem gepflegten Rasen.) „Es war ziemlich heiß, das war das Problem für uns.“ (Der Gegner hat im Schatten gespielt.) „Der Ball war nicht richtig aufgepumpt.“ (Die gegnerische Mannschaft spielt immer mit richtig aufgepumpten Bällen.)

Einige Trainer nehmen es mit Humor: „Ich bin immer noch am Überlegen, welche Sportart meine Mannschaft heute Abend ausgeübt hat. Fußball war's mit Sicherheit nicht.“ (Franz Beckenbauer nach einer Bayern-Niederlage) Manche Trainer oder Spieler sind nach einer Niederlage auch ein bisschen durcheinander: „Wir dürfen jetzt nur nicht den Sand in den Kopf stecken.“ (Lothar Matthäus nach einer Niederlage) „Wir sind zufrieden mit den drei Punkten.“ (Lukas Podolski nach einem 1:1 gegen den AC Florenz)

Dass man Fehler bei außenstehende Faktoren sucht statt bei sich selbst, ist auch ganz gut so. Denn das Schlimmste, was jemandem passieren kann, sind Selbstzweifel.

Fehler zu machen heißt nicht, als Mensch fehlerhaft zu sein!

Schritt 8: Lassen Sie Harmonie in sich erblühen!

Schritt 9

Selbsthypnose/Meditation

In diesem Kapitel geht es mir darum, Ihnen aufzuzeigen, wie wertvoll Hypnose sein kann. Manche Menschen sprechen lieber von Meditation. Leider hat Hypnose einen zweifelhaften Ruf erhalten, weil manche Hypnotiseure die Hypnose für Sensations-Shows missbraucht haben. Ein Hühner imitierender, gackernder Mann auf einer Bühne hat jedoch nichts mit der wahren Hypnose zu tun.

In ihrem ausgezeichneten Buch „Selbsthypnose" haben die beiden US-Psychologen Brian M. Alman und Peter T. Lambrou aufgezeichnet, was man alles mit Hypnose anfangen kann. Ich möchte hier kurz aus dem Buch auf Seite 66 zitieren:

„Vorstellungskraft und Krankheit ... Es gibt gute Gründe anzunehmen, dass die unbewusste Einstellung des Menschen Krankheiten gegenüber eine Schlüsselrolle bei ihrer Bekämpfung spielt. Sie hilft, innere Kräfte zu sammeln, um Viren, Bakterien oder einen Tumor, der mit dieser Krankheit zu tun hat, zu überwinden. Vorstellungsbilder helfen, das Unbewusste positiv einzustellen.

Zwei Kollegen der Simontons (1982), die Psychologen Jeanne Achterberg und G. Frank Lawlis, führten weitere wissenschaftliche Analysen bei Krebspatienten durch, um zu erforschen, wie die Vorstellungskraft bei der Unterstützung konventioneller Therapien wirkt.

Einer ihrer Patienten litt an Bauchspeicheldrüsenkrebs, eine Krebsart, bei der die Gesundungsrate nur bei fünf Prozent liegt. Er stellte sich seine Krebszellen als Gürteltiere vor und seine weißen Blutkörperchen als weiße Ritter. Die Ritter stürmten durch sein Gefäßsystem, um die Gürteltiere mit ihren Lanzen aufzuspießen; jeder Ritter hatte eine bestimmte Quote zu erfüllen. Zu einem bestimmten Zeitpunkt seiner Therapie beobachtete der Patient, dass viele seiner weißen Ritter dabei waren, zu verschwinden. Eine Blutuntersuchung bestätigte, dass die Anzahl seiner weißen Blutkörperchen abgenommen hatte. Als er dies erfuhr, beschloss der Mann, seine Armee weißer Ritter zu verstärken. Bald darauf hatte sich die Anzahl seiner weißen Blutkörperchen wieder stabilisiert. Kurze Zeit später berichtete er, dass seine weißen Ritter Schwierigkeiten hatten, jeden Tag ihre Quote von zu tötenden Kreaturen zu erfüllen. Sie mussten sich gewaltig anstrengen, um genug Viecher aufzuscheuchen. Eine Ultraschalluntersuchung zeigte, dass der Patient keinen Tumor mehr hatte ..."

Diese Information, die seit 1982 bekannt ist, hätte sich wie ein Lauffeuer in der medizinischen Welt verbreiten müssen. Da es nicht so ist, frage ich mich, wem es wohl nützt, wenn diese Informationen nicht verbreitet werden?

Phantasiereise

Was manche als Hypnose bezeichnen, benennen andere als Meditation. Eine Vorstufe der Hypnose oder Meditation wäre eine Phantasiereise.

Ein Hauptmerkmal der Hypnose ist, dass der Hypnotiseur zu einem gegebenen Zeitpunkt das Unterbewusste des Klienten direkt anspricht und ihm Dinge suggeriert oder klare Befehle erteilt. Das passiert während einer Phantasiereise nicht. Das einzige, was suggeriert wird, wenn man so will, ist, dass man sich entspannt und wohlfühlt.

Ich möchte Sie gerne mitnehmen auf eine kurze Reise.

Suchen Sie sich einen Platz aus, an dem Sie ungestört und bequem zehn bis fünfzehn Minuten verweilen können. Schließen Sie Ihre Augen und nehmen Sie drei, vier tiefe Atemzüge.

Stellen Sie sich vor, Sie befinden sich vor einer Treppe, die Sie zehn Stufen herunter- oder hinaufführen wird. Die Treppe können Sie ganz nach Ihrem Geschmack gestalten. Es spielt keine Rolle, ob es eine große, majestätische Marmortreppe oder eine enge hölzerne ist.

Sie gehen die Treppe hinunter oder hinauf, sowie es sich für Sie am besten anfühlt. Sie nehmen sich Zeit dafür und bei der ersten Stufe verweilen Sie einen Augenblick, um sich etwas zu entspannen.

Bei der zweiten Stufe sagen Sie sich, dass Sie den ganzen Stress des Alltags ablegen können.

Bei der dritten Stufe merken Sie, wie Sie immer weiter entspannen.

Stufe vier, Sie fühlen sich wohl.

Stufe fünf, Sie merken, wie sich alle Muskeln Ihres Körpers entspannen.

Stufe sechs, Sie fühlen sich sehr wohl.

Stufe sieben, Sie können, wenn Sie wollen, alle Ihre Sorgen für einen Moment zur Seite schieben.

Stufe acht, es ist angenehm warm, genau so, wie es sein sollte. Ihr Körper fühlt sich angenehm warm an, nur Ihr Kopf bleibt kühl.

Stufe neun, Sie bringen es fertig, sich noch weiter zu entspannen. Sie fühlen sich wohl in Ihrer Haut.

Stufe zehn, Sie sind unten beziehungsweise oben angekommen.

Vor Ihnen erstreckt sich eine wunderschöne Wiese oder ein wunderschöner Strand. Sie sind in den Bergen oder am Meer, dort, wo Sie sein möchten. Ihrer Phantasie sind keine Grenzen gesetzt. Sie können sich ein Haus, eine Villa oder gar ein Schloss am Strand erbauen, so wie es Ihnen gefällt. Hauptsache, Sie finden es gemütlich und fühlen sich hier wohl.

Hier sind Sie an einem sicheren Ort. Ein „safe haven" ein sicherer Hafen, ein Zufluchtsort. Nichts kann Ihnen hier passieren. Hier können Sie sich ausruhen, entspannen, das Leben genießen. Niemand und nichts stresst Sie.

Wenn Sie wollen, können Sie Freunde einladen, vielleicht haben Sie dann die Möglichkeit, einem Freund das zu sagen, was Ihnen schon lange am Herzen liegt.

Hier gibt es nichts Negatives, alles ist im positiven Bereich und bei jedem Ausatmen verdrängen Sie weiterhin alles Negative. Jede Wut, jeder Ärger, jede Angst, Trauer, jeder Frust verschwindet. Beim Einatmen ziehen Sie alles Positive in sich hinauf.

Hier können Sie eine Weile verbleiben, so, wie es sich für Sie richtig anfühlt. Sie können sich diesen Gemütszustand auch merken und können, wenn Sie nächstes Mal wieder eine Phantasiereise unternehmen, sofort hierher zurückfinden.

Wenn Sie dazu bereit sind, können Sie sich, ohne sich zu stressen, so langsam wieder auf den Weg machen, Richtung Treppe. Sie gehen wieder in entgegengesetzter Richtung die Treppen hoch beziehungsweise runter. Sie bleiben weiterhin entspannt.

Es gibt einige Möglichkeiten, diese Phantasiereise zu durchschreiten. Sie können Ihren Partner bitten, er/sie soll Ihnen die einzelnen Schritte langsam vorlesen. Oder Sie können den Text auf einem Diktiergerät oder Smartphone aufnehmen und sich den Text danach vorspielen. Vielleicht wollen Sie einige neue Sachen hinzufügen und probieren eine Mischung aus dem Gedächtnis und etwas Neuem. Es gibt keine festen Regeln. Sie können auch nichts falsch machen. Hauptsache, es fühlt sich gut an.

Je mehr Übung Sie darin haben, desto besser wird sich das für Sie anfühlen. Wenn Sie mehr Erfahrung haben, alles Negative von sich zu weisen, könnten Sie diesen Zustand ausnutzen, um sich die wirklich wichtigen Fragen des Lebens zu stellen.

Denn wenn wir es fertigbringen, nur im Positiven zu bleiben und jede Negativität zu vermeiden, dann machen wir keine Fehler mehr, zumindest nicht im zwischenmenschlichen Bereich. Wann machen wir Fehler, die wir dann immer wieder bedauern? Nur, wenn wir in der Negativität sind. Wenn wir verärgert, wenn wir wütend sind, wenn wir neidisch, verängstigt oder verletzt sind. Jedoch wenn wir nur im Positiven sind, dann können wir tun, was wir wollen und werden niemandem schaden. Das ist echte Freiheit. Wenn ich mich nur noch vom Positiven leiten lasse, dann stimmen mein Wille und der der positiven Kräfte überein. Dann kann ich wirklich machen, was ich will und ich brauche mich nicht zu sorgen, etwas Falsches zu tun. Dies ist ein fundamentaler Aspekt der Freiheit. Ein anderer Aspekt ist, dass ich niemanden mehr brauche, der mir sagt, was ich tun soll. Ich weiß es selbst.

Wenn Sie keine Fehler mehr machen, dann finden Sie die Antworten auf die wichtigen Fragen des Lebens. Ich habe keine Mühe, mir eine Lebensaufgabe auszusuchen, wenn ich im positiven Bereich bin.

Schritt 9: Lassen Sie sich von den positiven Kräften führen!

Schritt 10

Das Umsetzen

Sie wollen glücklich werden? Dann könnten Sie gleich anfangen, das, was Sie in diesem Buch gelesen haben, in Ihrem Leben umzusetzen. Die besten Theorien sind nichts wert, wenn sie nicht in die Praxis umgesetzt werden. Ein italienisches Sprichwort besagt: „Tra il dire e il fare c'è il mare". Zwischen Reden und Tun liegt das Meer. Man kann die besten Ideen haben, aber wenn man sie nicht konkret in Gang setzt, sind sie nur Phantasiebilder. Anders gesagt, man lebt in einer Phantasiewelt, aber nicht im richtigen Leben.

Natürlich klingen einige Überlegungen, die ich hier erwähnt habe, einfacher in der Theorie als in der Praxis.

Aber wenn man es mit Spaß und Freude versucht, ohne irgendeinen Zwang, mag es am Anfang vielleicht ein bisschen schwierig sein, aber mit der Zeit kommt richtig Freude auf und vieles geschieht wie von selbst.

Ich kann es nicht oft genug betonen: Bei allem, was Sie tun, sollten Sie Spaß haben und Sie sollten sich gut dabei fühlen. Wenn Sie sich ärgern, dass Ihre Fortschritte nicht schnell genug vorangehen, dann rutschen Sie wieder in die Negativität hinein und das sollten Sie auf jeden Fall vermeiden.

„Es ist nicht genug zu wissen, man muss auch anwenden; es ist nicht genug zu wollen, man muss auch tun."

Johann Wolfgang von Goethe

Schritt 10: Setzen Sie die Theorie in die Praxis um!

Bevor wir zum zweiten Teil des Buches kommen, möchte ich noch zwei Bücher empfehlen.

Ich will mich auf diese zwei beschränken, aber die haben das Potenzial, eine Lebenseinstellung zum Guten zu beeinflussen.

Komischerweise handelt sich bei beiden um Bücher, die schon vor sehr langer Zeit geschrieben wurden.

Das erste, das ich Ihnen vorstellen möchte, ist von Dale Carnegie und stammt aus dem Jahr 1937: „Wie man Freunde gewinnt: die Kunst, beliebt und einflussreich zu werden."

Der Titel mag irreführen. Auf den ersten Blick könnte man denken, es wäre eine Einleitung, wie man Menschen manipulieren kann. Ist es aber nicht. Aus dem Buch geht klar hervor, dass wenn man nicht aufrichtig ist und man den Leuten nur schön zuredet, man auf dem falschen Weg ist. Hier geht es darum, wie man mit Leuten umgehen sollte, sodass es für jeden bereichernd ist.

Das zweite Buch wurde 1911 geschrieben von Orison Swett Marden: „Die Wunder des rechten Denkens".

Für mich ist der Autor der Vorreiter des „positiven Denkens".

Beide Bücher finde ich sehr empfehlenswert.

Wenden wir uns jetzt dem zweiten Teil des Buches zu.

TEIL 2

Spiritueller Teil

Es gibt zwei Wege, die ein Mensch gehen kann, den materiellen Weg und den spirituellen Weg. Eigentlich könnte man sagen, es gibt auch einen dritten Weg, den „Ich-lebe-in-den-Tag-hinein,-ohne-mir-Sorgen-zu-machen-oder- Fragen-zu-stellen-Weg", aber im Endeffekt kommt der dem materiellen Weg sehr nahe.

Ein rein materialistischer Mensch ist ein Mensch, der nach Reichtum, Macht und Ruhm strebt. In anderen Worten jemand, der sich vor allem um **sein** Wohlergehen kümmert. Dieser Egoismus ist Ursache von viel Leid und Elend in unserer Welt.

Ein spiritueller Mensch hingegen ist jemand, der in erster Linie auf das Wohl seiner **Mitmenschen** achtet. Die Gefahr hier droht aber, in eine Art Aufopferung seiner selbst zu kippen.

Es gibt aber noch eine andere Möglichkeit. Eine Mischung aus beiden. Das ist der goldene Mittelweg, den ich bevorzuge.

Natürlich ist dies sehr vereinfacht dargestellt. Mir geht es hauptsächlich darum, die Gegensätze herauszukristallisieren. In die Details zu gehen, würde den Rahmen dieses Buch allerdings sprengen und die wichtigsten Ideen würden untergehen.

Ich bin mir bewusst, dass die meisten Menschen sich auf einer Linie zwischen diesen beiden Polen bewegen und nur die allerwenigsten Menschen, wenn überhaupt, reine Materialisten oder reine Spirituelle sind.

Aber andererseits ist es wichtig hervorzuheben, dass es Menschen gibt, die ganz klar skrupellos sind und die sich nicht im Geringsten um das Wohl ihrer Mitmenschen kümmern. Sie nehmen auch in Kauf, ihren Mitmenschen Schaden zuzufügen.

Dass sie sich dabei selbst am meisten schaden, ist ihnen nicht bewusst. Sie sind auch viel zu sehr damit beschäftigt, ihren Zielen nachzukommen, als dass sie Zeit hätten, ihr Benehmen infrage zu stellen. Diese Menschen werden nie wirklich glücklich werden, denn früher oder später meldet sich ihr Gewissen.

Was ich aber bei solchen Menschen sehr interessant finde, ist die Tatsache, dass sie skrupellos gegenüber dem Nächsten sein können und gleichzeitig – manche wenigstens – sehr liebevoll mit ihrer Familie umgehen.

Was charakterisiert nun einen spirituellen Menschen? Was bedeutet es, ein spiritueller Mensch zu sein? Wie könnte man die Spiritualität definieren?

Jemand hat einmal gesagt: „Ich trinke keinen Alkohol, ich trinke destillierte Spirituosen, deshalb bin ich kein Alkoholiker, sondern spirituell." Irgendwie finde ich aber, trifft diese Definition nicht so richtig zu.

Meine eigene Definition habe ich von Dr. Brian Weiss, dem amerikanischen Psychiater und Bestsellerautor, abgeschaut: Ich gehe auf Menschen mit Respekt, Freundlichkeit und Interesse zu, ohne sofort auf eine Gegenleistung bedacht zu sein.

Mit „auf einen zugehen" verstehe ich, jemandem zu begegnen und aber auch jemandem zu helfen. Die Idee der Hilfeleistung ist ein wesentliches Merkmal der Spiritualität.

Diese Definition gefällt mir deshalb besonders gut, weil hier nicht die Rede von Gott ist. Demnach kann jeder spirituell sein, auch ein Atheist.

Sehr oft werden Spiritualität und Religiosität gleichgestellt, was nicht der Fall ist. Ein religiöser Mensch ist jemand, der sich einer religiösen Gemeinschaft verschrieben hat und das tut, was die Obrigkeit dieser Gemeinschaft befiehlt. Ein religiöser Mensch kann nicht außerhalb seiner Gemeinschaft bestehen, während ein spiritueller Mensch eher seinen eigenen, individuellen Weg zur Selbstverwirklichung sucht.

Ich bin der Überzeugung, dass man erst dann spirituell werden kann, wenn man in Harmonie mit sich selbst und seinem Nächsten ist. Solange ich mich im negativen Bereich aufhalte, habe ich genug mit mir selbst zu kämpfen, als dass ich anderen Menschen helfen kann.

Genau das will ich mit dem ersten Teil dieses Buches erreichen. Mit psychologischen Mitteln kann ich eine Stufe von +6 bis +7 erreichen. Wirklich tiefgründig glücklich werde ich jedoch erst, wenn ich den spirituellen Weg beschreite. Für mich ist die Psychologie ein gutes Mittel als Vorbereitung zum spirituellen Leben.

Ich finde, erst der spirituelle Pfad zeigt, was den Sinn des Lebens ausmacht und erst dann untersteht das Ganze einer gewissen Logik. Nur durch die spirituelle Betrachtungsweise haben wir die Möglichkeit, das Universum und das Leben zu verstehen. Und erst dann werden wir Stufe +8 und +9 erreichen.

Der wichtigste Bestandteil der Spiritualität ist die Liebe. Deshalb werde ich in diesem Teil des Buches versuchen, das Konzept der Liebe zu analysieren. Hier möchte ich auch darauf hinweisen, dass es Menschen beziehungsweise Institutionen gibt, die uns daran hindern wollen, dass wir glücklich werden. Ich werde auch erläutern, wieso das der Fall ist.

Außerdem möchte ich aufzeigen, dass man keine Angst vor dem Tod haben muss. Ich greife auf Berichte zurück, die beweisen, dass es ein Leben nach dem Tod gibt.

Ich werde auch kurz auf Rückführungen zu sprechen kommen, die verdeutlichen sollen, dass der Tod nicht das Ende unseres Wesens bedeutet.

Des Weiteren geht es mir darum zu zeigen, was den Sinn des Lebens eines spirituellen Menschen ausmacht.

Zum Schluss werde ich Ihnen den Schlüssel zur Glückseligkeit schlechthin präsentieren.

Daraus ergibt sich, zusammen mit den Maßnahmen aus Teil 1 des Buches, eine logische Reihenfolge, die Sie glücklich machen wird.

Die Liebe

Was ist Liebe? Jeder kennt sie vermutlich auf eine ganz subjektive Art und Weise. Hier will ich einige meiner Ideen über die Liebe darstellen.

Die Liebe wird meist als ein Gefühl beschrieben. Ich denke, das ist nur ein Teil der Wahrheit. Denn man könnte sie auch als eine Kraft, als pure Energie bezeichnen.

Ich bin der Überzeugung, der Mensch hat die Liebe, sei es als Gefühl oder als Energie, noch nicht ausreichend untersucht. Denn ist es nicht seltsam, dass, wenn man von Liebe spricht, zwischen einer Form der Liebe und einer anderen Welten liegen können?

Zum Beispiel können wir total begeistert sein von Musik. Wir können stundenlang Musik hören und es gibt viele Menschen, die sich ein Leben ohne Musik kaum vorstellen können. Und doch ist diese Art der Liebe nicht zu vergleichen mit der Liebe, die man für einen Menschen, einen Lebenspartner, für die eigenen Kinder oder für Freunde verspürt.

Denn die Liebe zu Menschen ist um ein Vielfaches stärker und tiefer!

Um einen Menschen aufrichtig zu lieben, gibt es meiner Meinung nach eine ganze Reihe von Prämissen, ohne die wir es nicht mit wahrer Liebe zu tun haben.

Zum einen bedarf es **Respekt**. Die Idee von Respekt beinhaltet auch die Konzepte von Achtung, Rücksicht und Höflichkeit. Ein wesentlicher Bestandteil des Respekts ist auch Toleranz. Wenn man jemanden nicht respektiert, kann man ihn auch nicht lieben. Respekt bedeutet außerdem, dass man mit den Ideen des anderen nicht unbedingt einverstanden ist, diese aber trotzdem akzeptiert.

Des Weiteren sollten wir **Interesse** an der Person haben, an dem, was unseren Partner auszeichnet, was er denkt und fühlt. Es wäre schon eigenartig, jemanden zu lieben, ohne ihn zu kennen. Oder aber es handelt sich um eine rein sexuelle Liebe. Was eine romantische Liebe angeht, so wird diese gekennzeichnet durch den Willen, längere Zeit mit dieser Person zu verbringen. Ich mache auch einen klaren Unterschied zwischen „sich verlieben" und „lieben".

Vielleicht kann man so weit gehen, dass man **Empathie** für jemanden entwickelt, also die Fähigkeit, sich in jemanden zu versetzen, um ihn besser zu verstehen.

Ohne Zweifel spielt **Verständnis** deshalb auch eine große Rolle. Zum Beispiel versucht ein Mann zu verstehen, wieso seine Lebenspartnerin ihn verletzt hat. Hat sie ihn absichtlich verletzt? Oder hatte sie gar nicht vor, ihn zu verletzen? Was für einen Nutzen hatte sie davon? Vielleicht sollte der Mann sein eigenes Handeln hinterfragen.

Der nächste Schritt wäre dann die **Vergebung**, denn man kann wohl kaum mit einem/er Lebenspartner/in zusammen sein, wenn man nicht verzeihen kann. Die Fähigkeit, jemanden wirklich zu lieben, zeigt sich auch darin, wie sehr und wie weit man vergeben kann.

Leider ist es allzu oft so, dass die Liebe zwischen zwei Menschen eher einem Tauschhandel ähnelt. Ich spreche aus Erfahrung, ich habe mich früher genauso (falsch) benommen. Ich liebe dich nur, wenn du mich auch liebst und wenn du mich nicht liebst, wieso soll ich dich lieben?

Wieso glauben so wenige Menschen an die große Liebe? Etwa, weil man erwartet, der Partner soll den ersten Schritt machen? Also fang du mal an, mich zu lieben, ich ziehe nach?

Oder ist es, weil man Angst hat, sich zu viel zu öffnen? Man könnte ja verletzt werden. Es gibt auch Menschen, die Angst haben, verletzt zu werden und deshalb vorziehen, nie richtig zu lieben.

Ich urteile nicht, ob es richtig oder falsch ist, aber es wäre schon sehr schade, die Vorzüge der Liebe zu verpassen, nur weil man vielleicht verletzt werden könnte, anders gesagt, nur aus Angst. Ich frage mich, ob diese Angst, verletzt zu werden, manche Menschen hemmt, Gott in ihr Leben einzulassen. Oft höre ich Menschen sagen, es wäre zu schön, um wahr zu sein. Wenn man aber davon ausgeht, dass Gott die Liebe selbst ist, dann braucht man eigentlich nur die Liebe zu lieben. Die Liebe selbst brauchen wir nicht zu fürchten, sie tut keinem weh. Es ist vielmehr die Abwesenheit von Liebe, die weh tut. Zum Beispiel wenn jemand Liebeskummer hat, dann eben, weil die Liebe abhanden gekommen ist.

Ich denke, es gibt zwei verschiedene Ebenen der Liebe. Die erste wäre die Liebe zu Sachen, wie etwa Künste und Wissenschaften, aber auch die Liebe zur Natur und zu Tieren.

Die zweite und zugleich höhere Ebene wäre die Liebe zu den Menschen und zu Gott. Während wir von der Liebe zwischen Menschen von Gefühlen sprechen, so ist die Liebe zu Gott nicht bloß ein Gefühl, es ist wie gesagt pure Energie und es ist eine Lebenseinstellung. Diese höhere Ebene der Liebe wird vor allem dann erreicht, wenn man zur bedingungslosen Liebe bereit ist. Gegenüber Gegenständen macht diese Art der Liebe keinen Sinn und gegenüber Tieren auch eher weniger.

Diese wunderbare Form der Liebe erlebt man eigentlich ziemlich selten, meistens in Zusammenhang mit den eigenen Kindern. Ist die bedingungslose Liebe durch tiefe Verbundenheit zu Kindern zu erklären oder kann die Erklärung darin bestehen, dass einige Menschen das Gefühl haben, sie würden durch ihre Kinder weiterleben? Demnach wären Kinder ein Teil ihrer selbst. Ich neige dazu, ersteres als Erklärung anzunehmen.

Wenn der Sitz der menschlichen Liebe sich im Herzen befindet, dann stelle ich mir das Herz als Sinnesorgan vor. Auf die fünf Sinnesorgane brauche ich nicht einzugehen, der sechste Sinn ist die Intuition und für mich ist die Liebe ein siebter Sinn. Dieser Sinn ermöglicht uns, alles Gute in der Welt zu „sehen“ und zu „spüren“. Oder wie der französische Schriftsteller Antoine de Saint-Exupéry sagte: „Man sieht nur mit dem Herzen gut, das Wesentliche ist für die Augen unsichtbar".

Wenn wir unserem Herzen erlauben, mehr Liebe aufzunehmen und zu schenken, dann können wir auch unseren siebten Sinn verstärken, so wie wir unsere anderen Sinne schärfen können durch ständiges Üben.

Vermutlich sind wir nicht in der Lage, Gott zu „erfassen", weil unser siebtes Sinnesorgan noch nicht genug entwickelt ist.

Es würde mich demnach nicht wundern, erst dann Gott teilweise „spüren" oder „erfahren" zu können, wenn wir voller Liebe sind. Wenn wir so weit gereift sind, dann haben wir unser irdisches Ziel erreicht und dann werden wir die Gabe haben, Gott (teilweise) zu erfahren.

Gleichzeitig möchte ich auch zu bedenken geben, dass wir bei aller Liebe vorsichtig sein sollen. Es gibt Menschen, die sich die Liebe anderer zunutze machen. Sie wissen, dass, wie der Volksmund sagt, die Liebe blind macht und nutzen das schamlos aus. Wenn es etwas gibt, was Ihnen bei der Art und Weise, wie Ihr Partner Sie behandelt, nicht geheuer ist, seien Sie vorsichtig. Stellen Sie alles infrage. Zu lieben bedeutet nicht, dass man sein Hirn ausschaltet!

Mein Herz mit Liebe zu überfluten, ist, was ich seit einiger Zeit fast jeden Tag übe. Ich stelle mir bildlich vor, wie ich regelrecht Liebe in mir aufsauge und gleichzeitig alles Negative von mir weise. Es ist mein tiefster Wunsch, in einer herrlichen Harmonie mit mir selbst, mit der Welt und meinen Mitmenschen zu sein. Diese liebevolle

Haltung nenne ich Zustand liebender Haltung (ZLH). Es ist wie ein „tunen“ mit der universellen Harmonie.

Nachdem ich mich öfter in diesen Zustand begeben hatte, merkte ich, wie frei ich dann werde. Wenn es auf Erden eine Freiheit gibt, dann sehe ich dies als die einzig richtige an. Aus zwei Gründen werden wir wirklich frei.

Erstens, wir können wirklich tun, was wir wollen, denn wir können in diesem Zustand nichts Falsches tun. Wann mache ich in zwischenmenschlichen Beziehungen Fehler? Nur dann, wenn ich mich im negativen Bereich befinde. Also wenn ich Wut, Angst, Stress verspüre. Wenn wir uns erst einmal für die Liebe entschieden haben, im Gegensatz zum Egoismus, und wir nur noch aus Liebe handeln, kann nichts Negatives daraus entstehen. Anders gesagt denken und handeln wir im Einklang mit der Liebe und das macht uns frei.

Der andere Grund, wieso wir frei werden im Zustand liebender Haltung, ist dadurch zu erklären, dass wir niemanden mehr brauchen, der uns sagt, was richtig und was falsch ist. Tief in unserem Inneren wissen wir es dann. Menschen, die Angst vor der Freiheit haben, können diese getrost ablegen, denn sie brauchen nicht mehr zu befürchten, dass sie etwas Falsches tun. Und wenn man keine Fehler mehr machen kann, dann kann man auch getrost die volle Verantwortung für seine Taten übernehmen.

Mit anderen Worten, wenn man die Liebe aus tiefstem Herzen liebt, braucht man keine Gesetze mehr, denn man kann nicht anders, als nur das Richtige zu tun. Die Liebe macht uns glücklich und frei.

Lebensaufgabe

Ich habe im ersten Teil erwähnt, dass es eine Möglichkeit gibt zu erfahren, was unsere Lebensaufgabe ist, indem wir uns überlegen, was es in unserer Gesellschaft gibt, das wir wirklich nicht ausstehen können. Falls es so etwas gibt, sollten wir etwas dagegen unternehmen.

Wenn ich mich im Zustand liebender Haltung befinde, habe ich noch eine weitere Möglichkeit herauszufinden, was meine wahre Lebensaufgabe ist.

Denn in dem Moment, in dem ich mich wirklich gut fühle und alles Negative von mir schiebe, kann ich diesen direkten Draht zur Liebe nutzen, um mir die wirklich wichtigen Fragen zu stellen. Was soll ich in meinem Leben tun? Was erfüllt mich und was macht mir Spaß? Wenn ich Antworten auf diese Fragen bekomme, kann ich konkret darauf hinarbeiten, mein Leben (noch) sinnvoller zu gestalten.

Krieg und Gehorsam

Wie kann es sein, dass der Mensch sich über die Jahrtausende so prächtig entwickelt hat, so viel Intelligenz und Wissen angehäuft hat, aber es immer noch nicht fertig gebracht hat, Kriege zu bannen?

Ich habe vor Kurzem eine sehr interessante Aussage von Herrmann Göhring gelesen:

„... Nun, natürlich, das Volk will keinen Krieg", sagte Göring achselzuckend. „Warum sollte irgendein armer Landarbeiter im Krieg sein Leben aufs Spiel setzen wollen, wenn das Beste ist, was er dabei herausholen kann, dass er mit heilen Knochen zurückkommt. Natürlich, das einfache Volk will keinen Krieg; weder in Russland, noch in England, noch in Amerika und ebenso wenig in Deutschland. Das ist klar. Aber schließlich sind es die Führer eines Landes, die die Politik bestimmen, und es ist immer leicht, das Volk zum Mitmachen zu bringen, ob es sich nun um eine Demokratie, eine faschistische Diktatur, um ein Parlament oder eine kommunistische Diktatur handelt. ... Das Volk kann mit oder ohne Stimmrecht immer dazu gebracht werden, den Befehlen der Führer zu folgen. Das ist ganz einfach. Man braucht nichts zu tun, als dem Volk zu sagen, es würde angegriffen, und den Pazifisten ihren Mangel an Patriotismus vorzuwerfen und zu behaupten, sie brächten das Land in Gefahr. Diese Methode funktioniert in jedem Land."

Aus: „Nürnberger Tagebuch“ von G.M. Gilbert. Ehemaliger Gerichts-Psychologe beim Nürnberger Prozess gegen die Hauptkriegsverbrecher. (S. 270)

Das erinnert mich sehr stark an den „Patriotismus“ des George W. Bush.

Der US-amerikanische Psychologe Stanley Milgram hat in seinem Milgram-Experiment über den Gehorsam gezeigt, dass die Mehrzahl der Menschen sich der Autorität beugt. Sie verhält sich nicht kritisch, zumal wenn sie keine Verantwortung übernehmen muss.

Wenn man jetzt den Gehorsam mit der Idee des Patriotismus verbindet, wen wundert es dann, dass der „normale“ Mensch zu Gräueltaten in einem Krieg bereit ist?

Jetzt könnte man sich fragen, wieso unternimmt die Kirche nichts, wenn unreife Führer uns zu Kriegen zwingen? Wieso zeigt keine Kirche auf, wie Menschen manipuliert werden? Wie kann es sein, dass in der zweitausendjährigen Geschichte der Kirche es ihr nicht gelungen ist, Menschen vor Kriegen zu bewahren?

Ganz einfach, weil das nie ihr Ziel war.

Die Manipulationen der Kirchen

Mir geht es nicht darum, verschiedene Religionen anzugreifen, sondern zu zeigen, dass die Art von Spiritualität der katholischen Kirche ein Irrweg ist. Andererseits möchte ich Ihnen auch Fakten darlegen, wie wir Menschen über Jahrtausende manipuliert und betrogen wurden. Ich bin der Überzeugung, jeder hat das Recht zu erfahren, wie wir manipuliert wurden und noch immer manipuliert werden.

Wie bereits dargelegt, ist es ein wunderbares Gefühl, auf der Glücklichkeitsskala auf Stufe +6 oder höher zu sein, denn daraus entspringt eine wundervolle Form von Freiheit: Ich brauche niemanden mehr, der mir sagt, was ich tun soll. Ich weiß es von selbst.

Aber genau diese Art von Freiheit wollen Religionen mit aller Macht verhindern, denn in diesem Moment werden diese Institutionen überflüssig. Dann haben sie keine Daseinsberechtigung mehr. Sie haben keine Macht mehr, die Menschen zu kontrollieren.

Über Jahrtausende haben Religionen mit Erfolg Menschen manipuliert. Dabei haben die Kirchen sich vor allem der Angst, dem Kontext der „Sünde" und der Untätigkeit des Menschen bedient, um ihr Ziel zu erreichen. Gleichzeitig wurden so viele Bürden aufgetragen, dass den Menschen das Interesse an der wirklichen Spiritualität verloren ging. Die wichtigen Dinge im Leben haben sie beinahe eliminiert und diese durch Nebensächlichkeiten ersetzt.

Angst

Die Religionen haben sich der Angst der Menschen bedient, um Menschen zu kontrollieren. Indem sie ihnen Angst eingejagt haben, dass, wenn sie nicht tun, was Gott angeblich vorschreibt, sie für ewig in der Hölle qualvoll leiden werden. Und wer soll nicht besser wissen, was Gott will, wenn nicht die Priester? Die Kirche hat ihre eigenen Ideen so vorgeführt, als wenn es der göttliche Wille wäre und dabei den Menschen unnötige Bürden auferlegt.

Indem man Menschen lehrt, Angst vor Gott zu haben, kann man sie gleichzeitig davon abhalten, sich Gott zu nähern. Denn es liegt in der Natur der Angst, dass man sie meidet. Also wird der verängstigte Mensch Gott eher meiden, als dass er ihn aufsuchen würde.

Anders gesagt, wie kann ich jemanden lieben, vor dem ich Angst habe? In dem Fall kann nicht wirklich von Liebe die Rede sein. Das könnte man eher als Ehrfurcht oder Unterwerfung bezeichnen. Aber das hat mit Liebe nichts zu tun.

Die katholische Kirche wollte nie, dass der Mensch sich Gott nähert. Die Gefahr wäre nämlich, dass der Mensch wirklich beginnen würde, Gott zu lieben. Würde der Mensch Gott von ganzem Herzen, von ganzer Seele und von ganzem Gemüt lieben, dann befände er sich auf Stufe +8 oder höher und dann würde das eintreten, was zu verhindern ist, der Mensch würde keine Kirche mehr brauchen.

Sünde und Vergebung

Wenn man bei der Genesis anfängt, dann hat die katholische Kirche den Menschen immer schon als von Natur aus schlecht gesehen. Komisch nur, dass der Mensch so schlecht sein soll, wo er doch als Abbild Gottes einzigartig erschaffen wurde.

Die Kirche hat es fertiggebracht, dem Menschen ein schlechtes Gewissen einzureden, indem er als Sünder dargestellt wird.

Wenn man dem Menschen lange genug einredet, dass er ein Sünder ist, wird er es glauben.

Indem man dem Menschen ein schlechtes Gewissen einredet, verhindert man, dass dieser rebelliert.

Der Mensch verhält sich ruhig, wenn er denkt, dass er tatsächlich voller Sünden ist. Er will erst gar nicht auffallen, damit eben keiner sieht, dass er gesündigt hat.

Dass es funktioniert, kann man in der Bibel nachlesen (Johannes 8,1–11): „Wer unter euch ohne Sünde ist, der werfe den ersten Stein auf sie." Und alle gingen sie weg und keiner warf einen Stein nach ihr. Also nicht falsch verstehen, es war schon mehr als richtig, dass Maria Magdalena nicht gesteinigt wurde. Das sollte nur ein Beispiel sein, wie Menschen sich verhalten, wenn sie auf ihre „Sünden" angesprochen werden.

Da das nicht reichte, wurde die „Erbsünde" erfunden. Dass ich, wenn ich einen Fehler begehe, nicht besonders stolz darauf bin, zumal, wenn ich etwas bewusst falsch gemacht habe, ist verständlich. Aber wie kann ich ein schlechtes Gewissen haben für etwas, das nicht ich, sondern andere getan haben? Aber hier wird geschickt suggeriert, Jesus musste auf diese Welt kommen, um am Kreuz für unsere Sünden zu sterben. Aber das stimmt nicht.

Der Mensch ist von Natur aus **nicht** schlecht. Und es wäre auch total falsch, alle Menschen über einen Kamm zu scheren. Ich spreche lieber von Fehlern als von Sünden, nebenbei bemerkt. Dass der Mensch Fehler macht, steht außer Frage. Aber er macht sie nicht aus Spaß, sondern aus Unwissenheit.

Aus einer Tat entsteht unweigerlich eine Folge (Ursache und Wirkung). Würden wir im Voraus wissen, was die Konsequenz einer „schlechten" Tat ist, würden wir sie mehr als wahrscheinlich nicht (mehr) ausführen. In dem Moment, in dem wir merken, dass ein Fehler uns nur Ärger einbringt, werden wir diesen Fehler nicht noch mal begehen.

Wir sind auf Erden, um Erfahrungen zu sammeln. Die Fehler, die wir machen, sind eine Möglichkeit, etwas zu lernen. Ich mag den Vergleich mit der Schule: Uns als Sünder darzustellen käme dem gleich, einem Schüler, der noch nie eine Stunde Mathematik hatte, den Vorwurf zu machen, er verstünde nichts von Differentialrechnung und Integralrechnung.

Gerade zu brillant ist es, wie die Kirche uns getäuscht hat, dass sie unsere Sünden vergeben kann! Wenn ich gesündigt habe, gehe ich zu meinem Beichtvater, der verordnet mir dann drei Ave Maria und vier Paternoster, oder war es umgekehrt? Egal, wichtig ist: Schon sind meine Sünden vergeben.

Aber das ist Unfug!!

Niemand kann zwischenmenschliche Fehler ausbessern außer der, der sie begangen hat. Da ist sie wieder, die Faulheit, die uns dazu treiben soll, lästige Arbeit auf andere abzuwalzen. Denken Sie, mein Lehrer hätte meine Fehler nach der Prüfung verbessert? Wieso sollte er das tun? Klar er weiß, welche Fehler ich gemacht habe. Aber wenn ich mir keine Mühe gebe, es selbst herauszufinden, werde ich sie immer wieder machen.

Kein spiritueller Meister würde die Fehler anderer verbessern. Damit würde er den Täter und den Geschädigten daran hindern, zu reifen.

Sie erinnern sich, auch ein Psychologe wird die Probleme eines Klienten nicht lösen, selbst wenn er es könnte.

Wenn ich jemandem Unrechtes angetan habe, dann gibt es nur eine Möglichkeit, die Sache wieder gut zu machen. Ich muss diese Person aufsuchen, sie um Verzeihung bitten, ihr erklären, wieso dieser Fehler zustande kam, Reue zeigen und bereit sein, zu versprechen, ich würde den Fehler nicht wieder machen und den eventuellen Schaden beheben.

Dann ist es an dieser Person, mir zu verzeihen. Oder auch nicht. Denn ich habe kein Recht, diesen Menschen dazu zu zwingen, mir zu verzeihen. Natürlich wäre es für den Geschädigten von Vorteil, mir zu verzeihen. Die Lektion für ihn, durch die er reifen kann, besteht nämlich darin: lernen, zu verzeihen.

Wenn ich nun weiß, dass nur ich alleine meine Fehler ausbessern kann, so folgt gleich die nächste Überlegung.

Ist Jesus am Kreuz für unsere „Sünden" gestorben?

Nein! Genau aus derselben Überlegung. Auch Jesus kann meine Fehler nicht wieder gutmachen. Angenommen, er hätte diese Macht, meine Fehler auszubessern, dann wäre ich nur ein Hampelmann.

Außerdem, was für ein blutrünstiger Gott ist das, der ein Menschenopfer verlangt? Hier liegt ein ganz klarer Widerspruch zwischen einem liebenden Gott, wie er im Neuen Testament beschrieben wird und einem Gott, der sich an Menschenopfern ergötzt.

Die Frage lautet dann, was bezweckt die Kirche damit? Welchen Nutzen hat sie davon, solche Unwahrheiten zu verbreiten?

Zum einen, damit die Menschen Jesu ewig dankbar sind. Sie sollen Jesus geradezu anhimmeln. Was dieser nie wollte, nebenbei gesagt. Und da die Kirche Stellvertreter Gottes zu sein behauptet, müssen wir der Kirche ewig dankbar sein und sie als heilig anhimmeln. Was mich betrifft, wenn mich jemand fragen würde, so will ich nicht, dass jemand am Kreuz für mich stirbt, zumal ich mir keiner Sünde bewusst bin, die ein solches Opfer verlangen könnte.

Zum anderen, weil dies ein Teil des Systems ist, wie man den Menschen davon abhält, sich Gott wirklich zu nähern und er dadurch daran gehindert wird, wirklich glücklich zu werden.

Die katholische Kirche fordert Lippenbekenntnisse statt Taten. Nicht die Taten sind wichtig, sondern es reicht vollkommen, wenn man an Jesus Christus glaubt. Aber in Wahrheit sind es die Taten, die einen Menschen auszeichnen. Alles andere ist nur Heuchelei.

Untätigkeit

Das ganze System funktioniert auf zwei Weisen. Erstens versucht man, den Menschen Angst einzujagen, damit sie ja nicht versuchen, sich Gott zu nähern. Zweitens, sollte das nicht wirken, wird den Menschen suggeriert, sie brauchen nichts zu tun und könnten nichts tun, um sich Gott zu nähern.

Der Mensch braucht nichts zu tun, denn Jesus ist ja schon für ihn am Kreuz gestorben. Also ist er von Sünden reingewaschen und kann nach seinem Tod sofort in den Himmel einziehen, solange er an Jesus glaubt.

Der Mensch braucht sich nicht mit seinen Mitmenschen zu versöhnen, es reicht ja, wenn der Beichtvater die Absolution erteilt.

Der Mensch kann nichts tun, um sich Gott zu nähern, wie das in der Bibel steht (Römer 9,16, Jer 10, 23).

Das heißt nichts anderes, als dass man sich abstrampeln kann, wie man will; wenn Gott einen nicht auserwählt, wird man nie glücklich werden. Wieso sich dann erst die Mühe geben?

Aber die Frage lautet eher, wieso sollte Gott jemanden nicht auserwählen? Das geht ganz gegen die Aussagen in Mtatth. 7,7-11: „Bittet, so wird euch gegeben; suchet, so werdet ihr finden; klopfet an, so wird euch aufgetan."

Am interessantesten ist aber folgende Aussage:

„Was du nicht willst, dass man dir tu', das füg' auch keinem anderen zu." (Tob 4,16)

Auf den ersten Blick kann man an diesem Satz nichts bemängeln. Diese Worte klingen gut und weise. Aber dies ist die negative Fassung der goldenen Regel.

Jesus hat die positive Formulierung gleich zweimal gepredigt: „Was ihr von anderen erwartet, das tut ebenso auch ihnen" in Lk 6,31 und in der Bergpredigt Mt 7,12: „Alles, was ihr also von anderen erwartet, das tut auch ihnen!"

Bei der negativen Fassung braucht man wieder nichts zu tun! Aber Untätigkeit kann genauso falsch sein wie „Schlechtes" tun.

Wir sollten das Zitat von Edmund Burke, dem irischen Staatsmann und Philosophen, nicht vergessen:

Das Böse triumphiert allein dadurch, dass gute Menschen „nichts unternehmen".

Ich komme später auf diese goldene Regel zurück.

Nebensächlichkeiten

Wenn man auf die Kirche hört, dann sind Frömmigkeit, Askese, Keuschheit, Abstinenz und Demut nur einige der Tugenden, die es gilt einzuhalten. Aber der Einfachheit halber braucht man eigentlich nur zu sagen, dass alles, was Spaß macht, verboten ist.

Um ein spirituelles Leben zu führen, muss man leiden und je mehr man leidet, desto besser.

Aber stimmt das?

Nein!!

Ich bin kein besserer Mensch, wenn ich ein Asket bin, genauso wenig wie ich ein besserer Mensch bin, wenn ich kein Schweinefleisch esse. Ich bin auch nicht spiritueller, nur weil ich mich vegetarisch oder vegan ernähre. Ich bin kein besserer Mensch, wenn ich keinen Alkohol trinke und nicht rauche.

Jesus selbst hat reichlich Wein getrunken, als er sein Wunder vollbrachte, indem er Wasser zu Wein verwandelte auf der Hochzeit zu Kana. Diese Hochzeiten dauerten gut und gerne eine ganze Woche. Ich denke nicht, dass die Gastgeber geizig waren und nicht genügend Wein eingelagert hatten. Es wurde nur reichlich gefeiert, was auch heißt, dass viel Wein getrunken wurde. Das ist die einzige mögliche Erklärung, wieso ihnen der Wein ausgegangen ist. Was hat Jesus gemacht? Laut Bibeldeuter hat er geradezu Unmengen von Wasser in Wein verwandelt. Das bedeutet nichts anderes, als dass Jesus der Meinung war, man soll ausgiebig feiern!

So nebenbei gesagt weiß ich nicht, ob Jesus wirklich Wasser in Wein verwandelt hat. Aber das ist für mich von geringer Bedeutung, außer der Idee, dass man feiern und das Leben genießen soll.

Wichtig sind seine Lehren, wie man leben soll und vor allem, wie man lieben soll. Die Bürden, die die Priester uns auferlegt haben, sind alles nur Nebensächlichkeiten, die uns vom wirklich Wichtigen ablenken sollen.

Was wirklich zählt, ist, sich von den positiven Kräften leiten zu lassen.

Aber die Gefahr ist groß, dies aus den Augen zu verlieren, je mehr unnötige Bürden unser spirituelles Leben erschweren. Frömmigkeit, Askese, Keuschheit, Abstinenz, Demut bedeuten nichts, wenn es im Herzen eines Menschen keine Liebe gibt.

Die Werte, auf die es wirklich ankommt, sind Liebe, Güte, Toleranz, Barmherzigkeit, Freundlichkeit, Ehrlichkeit, Respekt.

Ein ähnliches Problem kommt immer häufiger in unserer Gesellschaft vor: die Desinformation. Dabei geht es nicht nur um irreführende Informationen, sondern vor allem um die schiere Unmengen von Informationen, die verbreitet werden. Es ist äußerst schwierig, sich heute gut zu informieren über das, was in der Welt passiert, wenn man überflutet wird von tausenden von wertlosen Nachrichten. In dem unüberschaubaren Wust von Informationen werden dann zum Beispiel manche Gesetze, die die Menschen empören würden, verabschiedet.

Also sprach Nietzsche

Sie glauben, die Kirche würde so etwas nicht tun? Dann schauen Sie sich bitte das Video im Internet an: „Der Reichtum der Kirche ist Blutgeld".

Es kommt nicht von ungefähr, dass der deutsche Philosoph Friederich Nietzsche über die katholische Kirche sagte:

„Ich verurteile das Christentum, ich erhebe gegen die christliche Kirche die furchtbarste aller Anklagen, die je ein Ankläger in den Mund genommen hat. Sie ist mir die höchste aller denkbaren Korruptionen … sie hat aus jedem Wert einen Unwert, aus jeder Wahrheit eine Lüge, aus jeder Rechtschaffenheit eine Seelen-Niedertracht gemacht … Ich heiße das Christentum den einen großen Fluch, die eine große innerlichste Verdorbenheit, den einen großen Instinkt der Rache, dem kein Mittel giftig, heimlich, unterirdisch, klein genug ist – ich heiße es den einen unsterblichen Schandfleck der Menschheit." (Aus dem „Antichrist")

Können wir Nietzsche nun Glauben schenken oder wusste dieser nicht, was er sagte? War er nicht ein Philosoph mit Weltruhm? Wird er nicht als einer der großen Denker unserer Zeit angesehen?

Wer jetzt denkt, das seien Fehler aus der Vergangenheit, der irrt. Vor einigen Jahren wurde aufgedeckt, dass katholische Priester in zahlreichen Fällen Kinder und Jugendliche gequält, geschlagen und sexuell misshandelt haben.

Der eigentliche Skandal ist für mich, dass die Kirche jahrzehntelang versucht hat, dies zu verheimlichen, indem sie die Priester in anderen Pfarreien versetzte. Dass sie dort mit den Misshandlungen weitermachten, nahm die Kirche in Kauf. Das wiederum beweist, dass die Kirche sich keinesfalls um das Wohlergehen ihrer Gläubigen interessiert.

Wichtig ist einzig und allein, den Schein zu wahren. Noch heute versuchen Opfer der Misshandlungen, einen Schadenersatz zu erlangen. Obwohl die Kirche genau weiß, dass diese Leute ihrer Kindheit beraubt wurden, noch immer seelische Schmerzen haben und eigentlich nur auf eine Wiedergutmachung hoffen, so wird ihnen das verwehrt. Tut dies eine Institution, die im Dienste der Menschen sein soll und die Menschen mit Gott verbinden soll? (Das Wort Religion entspringt aus dem lateinischen Verb „religare", verbinden.)

Was mich aber vor allem stört bei der katholischen Kirche ist, wie sie mit Frauen umgeht.

Die Frau ist ein Mensch zweiter Klasse. Eine Frau darf die Rolle einer Köchin oder einer Hausmagd übernehmen, mehr kann sie im Wesen der Kirche nicht verlangen.

Wo bleibt die Gleichberechtigung und vor allem, wo bleibt der Respekt vor der Frau? Wer aber jemanden nicht respektiert, der kann ihn auch nicht lieben, denn der Respekt ist eine Grundvoraussetzung für die Liebe.

Wir sollen allen Ernstes unser Leben nach den Ideen der Kirche richten, die solche Frauenfeindlichkeit an den Tag legt? Ich kann niemandem, keinem Menschen und keiner Institution vertrauen, die so frauenfeindlich sind.

Wenn wir uns die Verbrechen der katholischen Kirche anschauen, die Kreuzzüge, die Inquisition, die Ermordung der Katharer, die Hexenjagden, die Misshandlungen von Kindern und Jugendlichen, um nur einige Abscheulichkeiten zu erwähnen, wieso sollten wir der Kirchen noch irgendetwas glauben?

Ich kenne mich mit anderen Religionen wenig aus, aber es reicht mir zu wissen, dass es in verschiedenen Ländern Afrikas die weibliche Genitalverstümmelung gibt, um zu wissen, dass andere Religionen ähnliche grausame Vorgehensweisen haben. Diese Eingriffe werden ohne medizinische Begründung durchgeführt. Wer sind diese Priester, die sich anmaßen, die Natur verbessern zu wollen?

Da gerade von Afrika die Rede ist; der erste Staatspräsident Nigerias, Jomo Kenyatta, hat einmal folgendes erzählt: „Als die Missionare zu uns kamen, hatten wir das Land und sie die Bibel. Sie lehrten uns, mit geschlossenen Augen zu beten. Als wir sie wieder auftaten, hatten sie das Land und wir ihre Bibel."

Wir brauchen keine Bibel und keine Priester!

Wer wundert sich, dass Menschen heute noch so viele schlechte Taten verüben, wenn wir von unseren „moralischen Instanzen" solche Verbrechen vorgeführt bekommen?

Die Bibel zu lesen impliziert nicht automatisch, dass wir bessere Menschen werden. Auch nicht dann, wenn wir sie auswendig kennen. Was in der Bibel steht, wurde zum größten Teil von eben diesen machtbesessenen Menschen aufgeschrieben, um uns einerseits zu belügen und zu betrügen und andererseits damit zu manipulieren und zu gängeln. Während des Konzils von Nicäa in Jahr 325 n.Chr. hat der römische Kaiser Konstantin I vieles, was ihm missfiel, in der Bibel ändern lassen, so zum Beispiel soll die Idee von Wiedergeburt gänzlich aus der Bibel entfernt worden sein.

Hinzu kommt: Wenn wir dauernd in der Vergangenheit verweilen, dann leben wir in einer Traumwelt. Genau das werfe ich den Priestern auch vor, die während der Messe nur von der Vergangenheit reden.

Sicher, es kann sehr aufschlussreich sein, die Bibel einmal gelesen zu haben. Aber es würde mich wundern, wenn Sie klarkommen mit all den Widersprüchen, die darin vorkomen.

Es gibt unter anderem zwei Bücher, die solche Widersprüche hervorgehoben haben: „Gottesbetrug " von Detlef Wiewiorra und „Die 19 größten Irrlehren des Christentums" von Mark Wahl. Beide Bücher sind sehr provozierend, aber vielleicht muss man genau so der Kirche entgegentreten, da man nicht tolerant gegenüber intoleranten Menschen sein soll.

Ich behaupte: Wir täten besser, der Kirche und den Priester den Rücken zuzudrehen. Wir haben jeden Vorteil davon; zumal es Alternativen gibt, die wirklich das Wohlergehen der Menschen am Herzen haben. Wenn wir uns an das halten, was die Kirche predigt, werden wir nie glücklich werden und wir werden nie Gott näherkommen.

Aber da stellt sich gleich die Frage, was habe ich für einen Vorteil, wenn ich Gott näherkomme? Bin ich auf ihn angewiesen?

Wir brauchen keinen Gott!

Das mag jetzt seltsam klingen, aber wir brauchen keinen Gott. Wozu auch? Wenn es darum geht, einen Gott zu benutzen, um Ihn anzubeten, Er solle dies oder jenes für uns tun, so werden wir sicherlich nicht das bekommen, was wir uns wünschen.

Stellen wir uns vor wir, wären wieder in einer Schule. Wie lästig waren unsere Hausaufgaben doch. Wie oft haben wir uns gewünscht, jemand würde für uns lernen oder für uns unsere Hausaufgaben machen? Oder wie oft haben wir uns gewünscht, wir wüssten im Voraus, was in der Prüfung zu schreiben wäre? Damit wir bloß nicht zu viel lernen mussten. Haben wir nicht auch manchmal versucht, unsere Lehrer während einer Prüfung zu fragen, was man schreiben müsste? Dabei hätte kein Lehrer uns einen Gefallen getan, wenn er die Aufgaben für uns erledigt hätte. Wir hatten es selbst in der Hand, die Aufgaben zu bewältigen und damit Wissen zu erlangen, das uns in unserem Leben wertvoll sein könnte. Sicher waren Lehrer da, um uns Wissen beizubringen, aber nicht während einer Prüfung. Es war meist nur aus purer Faulheit, wieso wir nach Hilfe gefragt haben. Genauso zeichnet sich das auch in unserem Leben aus.

Wir sollen keinen Gott bitten, uns einen Gefallen zu tun.

Hilf dir selbst, so hilft dir Gott. Das ist ein bewährtes Motto.

Wir können alles selbst erledigen. Aber dafür müssen wir auch ein wenig Vertrauen in unser Können haben. Sollten wir nicht wissen oder verstehen, was wir in unserem Leben falsch machen, so können wir uns Hilfe bei unseren Mitmenschen suchen. Aber wir dürfen nicht vergessen, dass niemand unsere Probleme für uns lösen kann. Wir mögen Hinweise bekommen, aber die Probleme müssen wir selbst bewältigen.

Wenn ich nun Gott nicht benutzen kann, damit Er mir eine lästige Arbeit abnimmt, wozu kann ich Ihn dann gebrauchen?

Damit Er mir verrät, was in der Zukunft geschehen wird? Aber das würde bedeuten, dass ich einen unehrlichen Vorteil zu meinen Gunsten ausnutzen würde. Das brauchen nur Menschen, die Angst vor der Zukunft haben oder aber nicht von ihren Ressourcen überzeugt sind. Wenn wir Vertrauen in uns selbst haben und wissen, dass wir in unserem Leben schon vieles selbst erledigt haben, dann haben wir keine Angst mehr, sondern freuen uns auf die nächste Herausforderung, die auf uns zukommt. Wir brauchen keinen Gott.

Was wir aber brauchen, ist die **Liebe**!!

Denn die Liebe ist der wichtigste Faktor, der unser Leben im positiven Bereich hält. Ohne Liebe wäre kein Leben auf der Erde möglich.

Manche werden jetzt sagen, ich wäre über die Kirche hergefallen. Um es klar hervorzuheben, ich hasse die Kirche nicht. Ich habe allerdings viel Zeit verbracht, zu recherchieren, Bücher zu lesen und nachzuforschen, was die Kirche so treibt. Ich musste öfter mit meinen Recherchen aufhören, um zu vermeiden, ins Negative zu rutschen.

Es geht mir hier darum, Menschen zu sensibilisieren und sie dazu zu bewegen, konsequent zu werden. Wenn ich neues Wissen erlange und mir wird klar, was die Kirche so alles getrieben hat, so muss ich etwas dagegen unternehmen. Mit diesem Buch will ich unter anderem versuchen, aufzuklären, dass die Kirche viel Gutes, aber auch sehr viel Schlechtes vollbracht hat. Vor allem geht es mir darum, aufzuzeigen, dass man sehr skeptisch sein und nicht alles für bare Münze nehmen soll.

Sollten Sie Mühe haben, das zu glauben, was ich über die Kirche geschrieben habe, so informieren Sie sich selbst, am besten an mehreren Stellen, aber schauen Sie bitte nicht einfach nur weg.

Es fällt mir nicht leicht, diese Worte zu schreiben, aber ich kann nicht wegschauen und die Augen schließen, wenn solche Taten begangen werden. Ich wollte, es wäre nicht so, wie es ist, und wir könnten uns über eine Kirche freuen, die es gut mit uns meint, aber das ist leider nicht der Fall.

Sicher es gibt natürlich auch viel Gutes, was einige Priester, Mönche und Nonnen getan haben. Ich will auch nicht den Fehler machen und alles verallgemeinern. Wenn es der Kirche gelungen ist, sich über zweitausend Jahre zu bewähren, dann nur, weil einige Priester, Mönche und Nonnen wirklich Gutes geleistet und den Menschen viel geholfen haben.

Oft merke ich anhand der Argumentation verschiedener Atheisten, dass die Kirche, indem sie all diese Verbrechen begangen hat, Beweis genug ist, dass es keinen Gott geben kann. Wenn es einen Gott gäbe, so würde Er nicht zulassen, was die Kirche getrieben hat und noch weiterhin treibt.

Aber auch wenn die Kirche Fehler begangen hat, so beweist das noch lange nicht, dass es keinen Gott gibt.

Ich bin fest davon überzeugt, dass es einen Gott gibt. Ich denke, es ist alles eine Sache der Definition. Kann man beweisen, dass es Ihn gibt? Dies möchte ich im Verlauf der nächsten Seiten versuchen.

Mein Beweis für ein Leben nach dem Tod

Es geht mir hier weder darum, Sie überzeugen zu wollen, dass es ein Leben nach dem Tod gibt, noch darum, dass es einen Gott gibt. Ich möchte bloß einige Fragen stellen. Jeder hat das Recht, an das zu glauben, was für ihn Sinn macht. Aber vielleicht kann meine Betrachtungsweise ein anderes Licht auf einige Dinge werfen.

Im Schritt 5 des ersten Teils bitte ich meine Klienten, eine Liste zu erstellen der Sachen, die sie abhalten, glücklich zu werden. Gleichzeitig sollen sie sich Gedanken machen, wie sie diese Störfaktoren abschaffen können.

Hier möchte ich auf einen Faktor eingehen, der vielen Menschen das Leben schwer macht und viele Menschen im negativen Bereich festhält: die Angst.

Viele, um nicht zu sagen alle, haben Angst vor dem Tod. Das ist auch zum Teil gut so, denn die Angst soll vermeiden, dass wir leichtfertig mit unserem Leben umgehen. Nein, ich sollte eigentlich nicht von Angst reden.

Diese Angst, die ich lange für eine positive Angst gehalten habe, will ich eher „Vorsicht“ nennen, um so einen klaren Unterschied zwischen der Angst, einem Gefühl aus dem negativen Bereich, und der Vorsicht, einem Gefühl aus dem positiven Bereich, hervorzuheben. Wenn wir furchtlos wären, würden wir uns jedenfalls mehr als wahrscheinlich oft in große Gefahr begehen.

Wenn die „Vorsicht“ zu sterben aber so groß wird, dass sie uns abhält, das Leben richtig zu genießen, dann hat sie ihr Ziel verfehlt. Wenn die Angst unsere Lebensqualität verringert, müssen wir etwas dagegen tun.

In der westlichen Welt gehen wir nicht mehr zwanglos oder unbekümmert mit dem Tod um. Dabei ist der Tod ein Bestandteil des Lebens. Wir werden geboren, leben unser Leben und früher oder später sterben wir.

Aber viele Menschen haben ein Problem damit, und wie so oft wird das Problem verdrängt. Leider ist es so, dass in unserer Gesellschaft der Tod tabuisiert wird. Dazu kommt vor allem, dass viele Menschen nicht (mehr) glauben, dass es ein Leben nach dem Tod gibt.

Seit einigen Jahren habe ich diese Angst vor dem Tod abgelegt. Die Angst zu sterben wird meinen Tod nicht verhindern können, aber gleichzeitig würde sie mich daran hindern, mein Leben zu genießen, wenn ich sie zulasse.

Seitdem ich überzeugt bin, dass es ein Leben nach dem Tod gibt und seit ich von jenen NDEs (Near Death Experiences = Nahtoderfahrungen) gelesen habe, die das Jenseits als einen faszinierenden, wunderschönen Ort beschreiben, habe ich meine Einstellung zum Tod geändert.

Wenn es nur nach mir ginge, würde ich lieber im Jenseits sein. Was aber nicht bedeutet, dass ich lebensmüde bin. Ganz im Gegenteil, ich bin der Überzeugung, dass ich eine Lebensaufgabe habe und der werde ich nachkommen.

Außerdem möchte ich gerne den Menschen helfen, die mir nahestehen. Ich bin in einer Win-win-Situation. Ich liebe das Leben und genieße es und dennoch freue ich mich, wenn die Zeit da ist, ins Jenseits zu gehen.

Ich war jahrelang ein Agnostiker. Im Gegensatz zu einem Atheisten, der einfach die Existenz Gottes verneint, konnte ich weder beweisen, dass es einen Gott gibt, noch, dass es ihn nicht gibt. Aber ich habe mich sehr lange mit diesem Thema beschäftigt.

Ob es einen Gott gibt oder nicht, mag vielleicht nur an der Definition von „Gott" liegen.

Würden wir nur pragmatisch überlegen, gäbe es keinen Zweifel. Wir würden alle an Gott glauben. Denn eigentlich gibt es nur zwei Möglichkeiten: Entweder es gibt einen Gott oder nicht.

Stellen wir uns vor, es gäbe keinen. Das würde heißen, nach unserem Tod gäbe es rein gar nichts mehr. Dann brauchen wir uns auch keine Sorgen zu machen, dass wir uns aufregen müssten, weil wir all die Jahre hintergangen wurden.

Gäbe es aber einen Gott und wir hätten auf Erden „schlecht" gelebt, dann hätten wir ein Problem.

In dem Sinne behauptete der französische Philosoph und Mathematiker Blaise Pascal: „Wenn man verliert,

verliert man nichts, und wenn man gewinnt, gewinnt man alles, wenn man an Gott glaubt."

Aber ich mag nicht nur pragmatisch denken. Wenn ich an einen Gott glaube, so will ich auch von Ihm begeistert sein. Das charakterisiert auch meine spirituelle Entwicklung. Ich hatte und habe heute noch Mühe zu verstehen, dass es Menschen gibt, die nur an Ihn glauben, aber sonst nichts unternehmen, um Ihm näherzukommen, auch wenn, wie gesagt, die Kirchen vieles dazu beitragen. Als ich überzeugt war, dass es Ihn gibt, war meine erste Frage: Wie kann ich Ihm näherkommen? Was muss ich tun, um Ihn zu spüren, um Ihn zu erfahren? Ich wollte Ihn sehen, bei Ihm sein. Ich wollte Ihn verstehen und mit Ihm gehen.

Aber es gibt auch Menschen, die das Leben einfach nur genießen wollen und die sich keine Gedanken über Gott machen wollen, weil das ihren Spaß verderben könnte.

Ich möchte drei Argumente hervorbringen, die für mich ein Beweis sind, dass es ein Leben nach dem Tod gibt.

Mein erstes Argument handelt von Rückführungen. Es gibt einige interessante Bücher zu diesem Thema. Mir haben die Bücher von Dr. Brian L. Weiss sehr gut gefallen.

„Die zahlreichen Leben der Seele" und „Die Liebe kennt keine Zeit". Ob sein Buch „Messages from the Masters" ins Deutsche übersetzt wurde, weiß ich nicht. Aber ich finde es ein hervorragendes Buch.

Der Autor ist Chefarzt der psychiatrischen Abteilung eines großen Krankenhauses in Miami. In seinen Büchern beschreibt er, wie er als Psychoanalytiker seine Patienten in einer hypnotischen Trance zu ihrer Kindheit zurückführt. Aber an diesem Stadium angelangt, passierte mit einer Patientin etwas Seltsames. Sie erzählte von einem Leben, das sie im alten Ägypten gelebt hatte. In den darauf folgenden Sitzungen hat sie immer aufs Neue andere Wiedergeburten beschrieben. Dr. Weiss überlegte sich lange, ob er sein Buch veröffentlichen sollte oder nicht. Er konnte nicht wissen, dass es ein Bestseller werden sollte. Würde er seine Karriere als Chefarzt aufs Spiel setzen, wenn er nicht vollkommen überzeugt wäre von dem, was er berichtete?

Der deutsche Rückführungstherapeut Horst Leuwer hat auch sehr interessante Bücher geschrieben, in denen er beschreibt, wie diese Methode Blockaden aufheben kann.

Mein zweites Argument sind die NDE, near death experiences oder zu Deutsch Nahtoderfahrungen. Allein in den USA gibt es laut einer Gallup-Umfrage von 2009 rund elf Millionen Menschen, die eine solche Erfahrung gemacht haben. In Deutschland gibt es rund vier Millionen Menschen, die davon berichten. Das Erstaunliche dabei ist, dass die Berichte sich so oft ähneln und es im Wesentlichen wenige, wenn überhaupt, Widersprüche gibt, auch dann nicht, wenn Menschen andere Religionen, Kulturen und Sitten haben. Sogar über Jahrhunderte hinweg werden ähnliche Berichte erstattet, nur die Ausdruckweise mag sich der Zeit angepasst haben.

Dr. Raymond Moody beschreibt in seinem Buch „Leben nach dem Tod: Die Erforschung einer unerklärlichen Erfahrung", was Menschen nach ihrem Nahtod erlebten.

Dabei hat er 150 Fälle kritisch und systematisch untersucht. Er kommt zur Schlussfolgerung, dass die Fälle von NDEs größtenteils nach einem bestimmten Muster verlaufen.

Die meisten Erfahrungen beginnen mit dem Gefühl, aus dem Körper gezogen zu werden. Dabei verspüren die Menschen keinerlei Schmerzen und fühlen eine Art inneren Frieden. Viele haben dann das Gefühl, in einem Tunnel zu sein, und obwohl dieser sehr schwarz ist, verspüren sie keinerlei Angst. Das Nächste, was sie wahrnehmen, ist ein Gefühl, sich mit sehr hoher Geschwindigkeit zu einem äußerst hellen Licht hin zu bewegen. Es stellt sich heraus, dass dieses Licht hoch entwickelten, spirituellen Wesen entspringt. Nachdem die (fast) Verstorbenen begrüßt und willkommen geheißen werden, wird ihnen ihr Lebensrückblick gezeigt. Zum Schluss wird den Menschen gesagt, sie müssten zurück, weil ihre Zeit noch nicht gekommen ist.

Nicht alle NDEs verlaufen wie oben beschrieben. Manche Menschen berichten nicht von einem Lebensrückblick, während andere wesentlich mehr Einzelheiten über ihre Erfahrung zu berichten wissen.

Einer der interessantesten Berichte ist sicherlich der von Pam Reynolds. Weil ein Blutgefäß in ihrem Kopf zu platzen drohte, wurde sie in ein künstliches Koma versetzt. Die Blut- und zugleich die Sauerstoffzufuhr zu ihrem Gehirn wurden unterbrochen. Sie war hirntot während der Operation. In anderen Worten, es gab keine Hirnfunktionen mehr. Sie hätte weder etwas hören, noch spüren, noch träumen können.

Und doch konnte sie den chirurgischen Eingriff genau beschreiben. Sie erzählte später von dem Vorgang, als wenn sie aus ihrem Körper ausgetreten wäre und sich hinter dem Chirurgen bewegt hätte, um zu sehen, was er da machte. Sie beschrieb, wie die Säge aussah, mit der man ihre Schädeldecke öffnete. Sie verglich sie mit einer elektrischen Zahnbürste, obwohl sie noch nie in ihrem Leben solch ein chirurgisches Gerät gesehen hatte. Sie nahm auch die Gespräche wahr, die der Chirurg mit seinem Team geführt hatte. Nach dem Eingriff wurden ihre Beschreibungen und das stattgefundene Gespräch bestätigt, aber die Ärzte hatten keine Erklärung für dieses Phänomen.

Kritiker von NDEs tun solche Erfahrungen ab, indem sie von Halluzinationen sprechen. Der Fall Reynolds zeigt aber, dass das nicht sein kann. Denn erstens war sie zu dem Moment hirntot, das heißt, es gab nicht die geringste Hirnfunktion, folglich kann man auch nicht halluzinieren. Zweitens: Halluzinationen kann man mit geistigem Wirrwarr vergleichen, anders gesagt, es sind fehlerhafte Wahrnehmungen, bei denen keine Grundlage vorliegt. Aber Pam Reynolds konnte das ganze Prozedere des Eingriffs akkurat beschreiben, solch einen Zufall gibt es nicht.

Sehr interessant finde ich auch jene NDEs, in denen Blinde ihre Erfahrungen schildern und sie klar **sehen** konnten, wie sie zum Beispiel aus einem Autowrack herausgezogen wurden. Dabei wurden die Helfer genau beschrieben. Wie kann es sein, dass Wahnvorstellungen genau beschrieben werden konnten und diese Beschreibungen mit denen von Zeugen übereinstimmten?

Das Einzige, was mich abhalten könnte, diesen NDEs Glauben zu schenken, wäre die Idee, dass diese Leute lügen würden, aber elf Millionen Lügner in den USA und vier Millionen Lügner in Deutschland finde ich schon ein bisschen viel. Man könnte auch argumentieren, dass diejenigen, die ein Buch über ihre NDE geschrieben haben, ein Interesse hatten zu lügen, damit sie ihr Buch besser verkaufen konnten. Sicher, der Mensch lügt sehr oft in seinem Leben. Aber meist sind es Notlügen. Ich kann mir schwer vorstellen, dass jemand ein Buch schreiben kann, das eine einzige Lüge ist. Um andere so zu täuschen, muss man schon eine Persönlichkeitsstörung haben.

Ein weiteres Argument ist: Angenommen, jemand hätte sich alles nur erdacht, wieso verändert er sein ganzes Leben? Berichte von Menschen, die ein NDE erlebt haben und danach ihre Lebensweise total ändern, gibt es viele. Das letzte Gegenargument, das mir einfällt, sind diese kurzen Videos von den Menschen, die ein NDE erlebt haben. Auch wenn ich vielleicht nicht der beste Menschenkenner bin, so denke ich dennoch, dass ich herausfinden würde, wenn jemand mich anlügt. Wenn Sie sich auf YouTube die Videos von Rev. Howard Storm ansehen, werden Sie mit mir übereinstimmen, dass dieser Mann nicht lügt in Bezug auf das, was er erlebt hat.

Wieso tun sich manche Menschen so schwer mit den NDE-Berichten? Wieso wollen sie diese nicht wahrhaben? Beweisen kann ich es nicht, aber ich frage mich, ob diese Kritiker einen tiefen Groll gegen Gott hegen und nicht fähig sind, die Sache objektiv anzugehen.

Jedenfalls gibt es einige sehr gute Bücher, die lesenswert sind.

Mir haben vor allem die Bücher von Betty Eadie, von Rev. Howard Storm und von Dr. George Ritchie gefallen.

Man kann diese zwei Argumente einzeln betrachten oder sich sagen, dass es doch sehr viel Zufall braucht und so viele Leute lügen müssten, damit es nicht wahr wäre.

Ich komme zu meinem dritten Argument, für mich das ausschlaggebende.

Als ich ein kleiner Junge war, hat unser Lehrer uns Schüler gefragt, was es bedarf, um auf der Erde leben zu können. Die Antworten waren: die Luft, die Sonne, das Wasser, die verschiedenen Nahrungsmittel, die Anziehungskraft, die Erde selbst. Ohne diese Voraussetzungen gäbe es kein Leben auf Erden. Doch eine wurde nicht erwähnt und heute würde ich beteuern, es sei die Wichtigste überhaupt: die Liebe.

Wenn es keine Liebe gäbe, wäre ein Leben auf Erden oder sonst wo im Universum unmöglich. Die Liebe ist die Essenz des Lebens. Jedes Lebewesen hat einen starken Willen zum Leben, einen Überlebensinstinkt. Das ist nichts anderes als die Liebe zum Leben. Wir halten es für selbstverständlich, dass wir leben und merken nicht, dass wir ohne Liebe nicht überleben könnten. Ohne Liebe würde das Leben keinen Sinn machen. Nicht umsonst sind wir soziale „Tiere“ und jene Menschen, die sich einsam fühlen, leiden meistens an Depressionen.

Der amerikanische Psychologe und Forscher Harry Harlow zeigte durch seine Experimente mit Rhesusaffen, dass junge Affen, wenn sie von ihrer Mutter getrennt wurden, in Apathie verfielen und einige von ihnen ließen sich regelrecht sterben. Damit unterstrich er, dass Liebe ein Grundbedürfnis ist.

Aber stellen wir uns mal vor, es gäbe gar keine Liebe. Was würde wohl geschehen? Menschen würden sich die Köpfe einschlagen, wenn es ihnen einen Vorteil einbringen würde. Keiner würde etwas dagegen unternehmen, weil es niemanden etwas anginge.

Erst wenn man an seinem Nächsten Interesse hat, wird man etwas unternehmen. Aber „an seinen Nächsten Interesse haben" ist ein Ausdruck von Liebe. Also ist das nicht möglich. Nein, beim besten Willen kann ich mir kein Leben ohne Liebe vorstellen. Ehrlich gesagt, in solch einer Welt würde ich auch nicht leben wollen. Nun, diese Liebe ist weit mehr als nur ein Gefühl. Für mich ist es eine unwahrscheinlich große Kraft. Für mich ist diese Liebe Gott.

Es ist mir auch klar, dass Gott mehr als „nur" Liebe ist. Jedoch ist es das wichtigste Merkmal, das Ihn auszeichnet. Seit mir aber bewusst ist, was Liebe eigentlich ist, ziehe ich es vor, von der LIEBE zu reden anstatt von Gott.

Ich kann durchaus verstehen, dass es nicht leicht ist, sich einen Gott mit langem, weißem Bart vorzustellen. Aber an was glaubt ein Atheist? Ich könnte mir gut vorstellen, dass er dermaßen wütend auf die Kirchen ist und so desillusioniert wurde, dass er aus Wut nicht mehr an einen Gott glauben will.

Die Liebe ist etwas Konkretes. Kann man sich die Liebe als eine zärtliche, barmherzige, gütige Kraft vorstellen, die nur darauf wartet, angenommen zu werden? Damit aber Menschen die Liebe annehmen können, müssen sie einen freien Willen haben. Liebe kann nicht erzwungen werden, das ginge gegen das Wesen der Liebe.

Damit war meine Frage auch beantwortet, wieso Gott so viel Leid zulässt. Es ist nicht die Liebe, die das Leid erschafft, sondern es sind wir Menschen. Würde Gott dauernd einschreiten, wären wir nichts Besseres als Marionetten. Jedoch bin ich mir sicher, dass Er einschreitet, wenn es für uns vorteilhaft ist oder wenn es nicht anders geht.

Wenn es Elend und Leid auf Erden gibt, dann ist es die Aufgabe von uns Menschen, dies zu ändern. Aber natürlich ist es einfacher, jemanden zu bitten, der solle es für uns erledigen, und wenn es nicht so geht, wie wir es möchten, werden wir unbequem. Der Atheist mag sich fragen: Warum brauche ich einen Gott, wenn er mir nicht hilft, wenn ich ihn darum bitte? Interessant wäre aber zu wissen, an was der Atheist glaubt. Denn an etwas muss der Mensch glauben, ansonsten wird er erhebliche Schwierigkeiten haben, sein Leben zu meistern.

Wenn man jetzt diese Gedanken mit den NDEs und Rückführungen verbindet, also mit der Idee, dass wir mehrmals wiedergeboren werden, so finde ich, relativiert sich das Leid, das wir erleben.

Ich habe mich als Agnostiker oft gefragt, wie es sein kann, dass so viele Kleinkinder und junge Leute so früh sterben. Mit der Erkenntnis, dass wir 50, ja sogar 100 mal wiedergeboren werden können, relativiert sich das Drama des Todes eines jungen Menschen. Wenn ich demnach in einer meiner vielen Inkarnationen nicht älter als drei Jahre werde, dann nur, weil ich einen Nutzen davon habe. Ich könnte auch 90 Jahre alt und dennoch nicht reifer werden. Dann ziehe ich persönlich es vor, sehr jung zu sterben, um einen höheren Nutzen davon zu tragen. Denn alles geschieht mit einem speziellen Grund. Ja, ich behaupte sogar, dass alles, was passiert, zu unserem absoluten Besten geschieht. Leider wissen wir nicht immer, was das Beste für uns ist, zu einem gegebenen Zeitpunkt.

Es könnte auch sein, dass diese Inkarnation meinem Umfeld, zum Beispiel meinen Eltern, mehr nutzt als mir. Es gibt ein spirituelles Gesetz, das lautet: Geben ist seliger als nehmen. Wenn ich in dieser einen Inkarnation anderen helfen konnte, dann werde ich auch irgendwann eine Hilfe bekommen.

Wichtig ist es auch zu fragen: Warum sind wir hier auf Erden? Wenn es einen Gott gibt, wieso sind wir nicht in Seiner Nähe, statt hier auf Erden?

Wenn wir im Himmel sind, werden wir zugeschüttet mit Liebe. Wir bekommen so viel Liebe, wie wir nur ertragen können. Aber sind wir auch bereit, Liebe zu schenken?

Sind wir bereit zu geben, statt nur zu nehmen?

Meine Überzeugung ist, dass wir hier auf der Erde sind, um zu lernen, reifere Menschen zu werden. Es ist so wie in einer Schule, wir sollen etwas lernen. Die Hauptmaterie ist zu erkennen, was Liebe ist und wie wir im Einklang mit der Liebe leben sollen.

Um wirklich reifer zu werden, brauchen wir Krisen oder Probleme.

Das will nicht heißen, dass wir auf der Erde sind, um zu leiden. Aber wenn in unserem Leben alles reibungslos und ohne Probleme vor sich ginge, dann bekämen wir keine Möglichkeit, zu reifen. Leider ist es so, dass wir meistens nur dann aus uns herauswachsen, wenn wir in tiefer Not sind.

Stellen Sie sich bitte folgende Frage: Angenommen, Sie hätten die Macht, über Leben und Tod eines lieben Menschen zu entscheiden. Würden Sie es vorziehen, diese liebe Person bei Ihnen zu lassen, was vorteilhaft für Sie wäre, oder würden Sie sich sagen, dass, unabhängig von dem Leid, das Sie verspüren werden, dieser Mensch besser in den Himmel gehen sollte, wenn das sein Bestes bedeuten würde?

Dieses Beispiel zeigt, wieso viele Menschen mit Gott hadern. Irrtümlicherweise denken viele, Gott würde sie bestrafen und ihnen deswegen einen lieben Menschen wegnehmen.

Dabei sehen sie nicht ein, wie egoistisch solch ein Gedanke ist. Denn wenn Gott jemanden zu sich nimmt, dann nur, weil es für den Verstorbenen das Beste ist.

Das andere Argument von Atheisten und Agnostikern, wieso es solch ein Mysterium um Gottes Existenz gibt, finde ich sehr berechtigt. Genau diese Frage stellt sich auch der französische Philosoph und Professor der Sorbonne André Comte-Sponville in seinem Buch „The Book of Atheist Spirituality“.

Wieso versteckt Er sich?

Wenn Gott will, dass ich Ihn anerkennen soll, wieso zeigt Er sich mir nicht einfach? Besser gesagt, wieso zeigt Er sich nicht hier auf Erden, denn es gibt ja sehr viele Berichte von Menschen mit NDEs, die Gott gesehen und beschrieben haben. Was ja bedeuten würde, dass Er sich zeigt, aber nicht hier.

Stellen wir uns vor, Er würde sich uns zeigen, was wären die Folgen? Kein Mensch könnte ihn verleugnen. Jeder wäre sich zu hundert Prozent sicher, dass es Ihn gibt. Mehr noch, Seine Liebe stelle ich mir so unendlich schön vor, dass sie alle Menschen anstecken würde. So, als hätte jemand solch ein überwältigendes Lachen, dass er jeden um sich herum zum Lachen bringen könnte. In dem Moment gäbe es wohl keinen Unterschied mehr zwischen Himmel und Erde.

Das aber wäre kontraproduktiv. Denn das Leben hier auf Erden soll uns die Möglichkeit geben, Schlechtes oder Schwierigkeiten zu erleben, was im Himmel per Definition unmöglich ist. In dem Moment würden alle irdischen Erfahrungen zunichte gemacht.

Man kann vielleicht nicht beweisen, dass es einen Gott gibt, aber jeder weiß, dass es die Liebe gibt. Wir sollten uns vermehrt auf die Liebe konzentrieren.

Schritt 11

Liebe deine Feinde

Ich habe mich sehr lange mit dem Satz Jesu befasst:

„Ich aber sage euch: Liebet eure Feinde; segnet, die euch fluchen; tut wohl denen, die euch hassen; bittet für die, so euch beleidigen und verfolgen.“ (Mt 5,44)

Ich frage mich, wie viele Menschen mit diesen Worten klarkommen. Haben einige versucht, dies in ihrem Leben umzusetzen? Ich hatte am Anfang keinen Bezug zu dieser Aussage. Wieso soll ich meinen Feind überhaupt lieben?

Ich denke, die wenigsten von uns haben sich intensiv mit dieser Idee auseinandergesetzt.

Mir war aber klar, dass dieser Satz enorm wichtig ist für meine spirituelle Entwicklung.

Meine erste Überlegung war, ob ich damit denjenigen, die ich wirklich liebe, Unrechtes antue. Denn wenn ich in der Lage bin, einen Feind zu lieben, müsste ich dann nicht in der Lage sein, jemanden, der mir wirklich was bedeutet, noch viel mehr zu lieben? Wenn ich jemanden liebe, möchte ich viel Zeit mit dem Menschen verbringen. Aber will ich das mit einem Feind? Wie kann ich Gefühle der Liebe aufbringen zu einem Menschen, der mein Feind ist? Ich fand schon bemerkenswert, einen Feind nicht zu hassen. Aber ihn zu lieben, fand ich unmöglich.

Die zweite Überlegung war, ich sollte eigentlich gar keine Feinde haben. Wenn mich jemand nicht leiden kann, dann geh ich ihm aus dem Weg. Ich kann es nicht jedem recht machen. Ich will keinen Streit, also gehe ich demjenigen, der mich hasst, aus dem Weg.

Erst viel später kam mir die dritte Überlegung in den Sinn:

Man soll diesen Satz als eine Art Training ansehen.

Das ist eine Anleitung, wie man Liebe in sich selbst entfachen kann. Jemanden zu lieben, der einen liebt, ist keine Kunst, obwohl sich manche Menschen auch damit schwertun. Dennoch, für die meisten Menschen ist es kein Problem, jemanden zu lieben, der sie auch liebt.

Aber jemanden zu lieben, der einen hasst, der einem Schlechtes antun will, das erfordert sehr viel Kraft und sehr viel Reife. Ich fing an, das Problem zu lösen, indem ich mir vorstellte, ich sollte versuchen, meinen Feind zu verstehen und unsere Feindschaft aus seiner Sicht zu betrachten.

Die Frage nämlich lautet: Was bedeutet „Liebe" in diesem Kontext? Sicher ist weder eine sexuelle noch eine romantische Liebe gemeint. Es ist ein Appell an die höchste Form der Liebe, die bedingungslose Liebe. Hier geht es vor allem darum, seinen Feind mit Respekt zu behandeln. Es geht darum, Interesse und Verständnis für ihn aufzubringen. Vielleicht können wir auch einen gewissen Grad an Empathie empfinden.

Es ist so ziemlich das Schwierigste, das man im spirituellen Bereich erlernen kann. Aber es lohnt sich. Denn wenn man das schafft, hat man eine unglaublich tiefe Reife erlangt.

Gleichzeitig bedeutet das auch, ich durchbreche mein Karma!

Karma ist ein spirituelles Konzept, das besagt, dass jede Tat eine Folge hat. Dies impliziert auch das Konzept der Wiedergeburt, denn die Folge muss nicht unbedingt in diesem Leben stattfinden, sondern kann durchaus erst in einem späteren Leben geschehen.

Wenn ich Hass nicht mehr mit Hass erwidere, durchbreche ich mein Karma. Wenn ich Hass mit Verständnis, Interesse, Respekt, also anders gesagt mit Liebe erwidere, folgt auf eine Ursache eine ganz andere Wirkung.

Das bedeutet auch und vor allem, ich bin auf Stufe +9 auf meiner Glücklichkeitsskala und will dort bleiben. Das heißt: Auch wenn mir Schlechtes widerfährt, lasse ich nicht zu, dass mich das runterzieht. Ich bin auf +9 und wenn ich meinem Feind mit Hass, Wut, Lügen oder Angst begegne, so zieht mich das runter in den negativen Bereich und das lasse ich nicht (mehr) zu. Denn schlussendlich bin ich derjenige, der am meisten darunter leiden wird und derjenige, der am meisten zu verlieren hat.

Sie wissen nicht, was sie tun

Einen Tipp, wie man das erreichen kann, hat uns Jesus am Kreuz gegeben. Er hat laut gesagt (und nicht nur still gedacht): „Vater, vergib ihnen, sie wissen nicht, was sie tun."

Das heißt, dass man Verständnis und Mitleid haben soll für schlechte Taten, die einem angetan werden. Verständnis aufzubringen ist meiner Meinung nach die beste Art und Weise, jemanden zu lieben, der etwas Schreckliches getan hat beziehungsweise tut. Verständnis bedeutet nicht, dass man mit den Taten einverstanden ist.

Ganz im Gegenteil, aber man versucht zu verstehen, wieso jemand einem anderen etwas Schlechtes antut.

Da ist auch ein großer Teil Mitleid dabei, Mitleid im Sinne von „mit leiden“, nicht ein verachtendes Mitleid. Es ist die Idee, dass es mir leid tut, dass mein Feind so weit vom „Glücklichsein“ entfernt ist, dass er in seinem Leben noch so viel zu lernen hat und so ein unreifer Mensch ist. Wir sollten Mitleid haben mit jemandem, der nicht intelligent genug oder zu hasserfüllt ist, um zu verstehen, dass man niemandem Schaden zufügen soll.

Ich bin ein Pazifist. Früher hab ich Menschen, die Kriege angezettelt haben, gehasst. Bis ich merkte, dass der Hass mir selbst am meisten schadete. Heute schicke ich diesen Feinden so viel Liebe wie möglich, in der Hoffnung, dass sie weiser werden und merken, dass sie auf dem falschen Weg sind.

Ich will hier nicht naiv sein. Es gibt immer wieder Menschen, die es nicht gut mit uns meinen, die skrupellos sind und unsere Liebe und Hilfsbereitschaft für sich ausnützen. Aber anstatt diese Menschen zu hassen, habe ich Mitleid mit ihnen. Denn sie merken nicht, dass sie sich selbst am meisten Schaden zufügen. Ich versuche, solchen Menschen einfach aus dem Weg zu gehen.

An dieser Stelle möchte ich Sie daran erinnern, dass Sie skeptisch sein sollen und nicht jedem blauäugig trauen sollen, weil es eben diese Art von Menschen gibt.

Das hier soll auch kein Zwang werden. Genauso wie mit der Idee, jeden Morgen aufzustehen und sich zu sagen, ich will glücklich sein, so soll man auch hier diese Anleitung mit Spaß und Freude ausüben. Natürlich braucht es einen gewissen Grad an Disziplin und Willenskraft, sich ständig diese Überlegungen vor Augen zu halten. Es geschieht nicht von selbst.

Ich weiß auch, dass es nicht einfach ist. Es ist ein ständiges Auf und Ab, um letztendlich in die Balance zu kommen. Ich liebe die Vertreter der katholischen Kirche. Ich liebe meine Feinde. Es ist nicht leicht, aber ich gebe mir wirklich Mühe. Es gelingt mir auch nicht immer, aber immer öfter.

Ich will niemanden dazu bringen, eine Mutter Theresa oder ein Padre Pio zu werden. Wir müssen nicht heilig sein, um glücklich zu werden. Wir müssen nicht perfekt sein, um glücklich zu werden. Aber es ist nun mal so, dass wir wirklich glücklich werden, wenn wir uns für andere einsetzen.

Man kann seine Feinde lieben, was aber nicht bedeutet, man solle nicht vorsichtig sein. Denn auch wenn wir es fertigbringen einen Feind zu lieben, so will das nicht heißen, dass dieser es auch tut. Er könnte durchaus noch finstere Absichten haben. Manchmal ist es erforderlich, sich unter einen gewissen Schutz zu stellen.

Darum möchte ich Ihnen ein weiteres Buch empfehlen, das Ihnen helfen kann, sich auch mental gegen manche Menschen zu schützen. Das Buch ist von Choa Kok Sui: „Energetischer Selbstschutz: Psychische Immunstärke gegen bewusste und unbewusste Übergriffe“.

Zugleich und vor allem finde ich das Buch wegen seiner angeführten Meditationen äußerst hilfreich.

Schritt 11: Lieben Sie Ihre Feinde!

Schritt 12

Die goldene Regel

Meist wird sie mit ihrer negativen Fassung verwechselt:

„Was du nicht willst, das man dir tu', das füg' auch keinem anderen zu."

Der richtige Grundsatz, wie vorhin schon erwähnt, lautet aber: „Alles, was ihr von anderen erwartet, das tut auch ihnen!"

Ich selbst mag lieber eine ähnliche Formulierung, denn sie hebt das hervor, worauf es wirklich ankommt:

„Tu anderen das an, was du willst, das man dir antut."

Diese Regel ist viel dynamischer, viel kräftiger. Denn sie fordert uns auf, anderen Menschen Gutes zu **tun**.

Das ist der Schlüssel zur Glückseligkeit.

Wir sollen keine Bürde aufgetragen bekommen, wir sollen uns nicht schinden. Wir sollen einzig und allein anderen Menschen helfen und Freude daran haben.

„Das Geheimnis des Glücks liegt nicht im Besitz, sondern im Geben. Wer andere glücklich macht, wird glücklich." (André Gide)

Wenn der Mensch es schafft, mit dieser einfachen Maxime zu leben, wird es keine Kriege mehr geben, keine Ausbeutung, keinen Hunger, keine Armut, kein Leid und

Elend mehr. Dann könnten wir im goldenen Zeitalter der Menschheit leben. Dann hätte der Mensch den Himmel auf Erden erschaffen.

Manchmal sehe ich ein Funkeln in den Augen der Klienten, das mir den Eindruck der Dankbarkeit widergespiegelt. Dann habe ich das Gefühl, alles richtig gemacht zu haben.

Ich befinde mich meist zwischen Stufe +8 und +9 auf meiner Skala. Aber wenn ich merke oder ein Klient mir sagt, ich hätte ihm viel geholfen, dann erlebe ich für kurze Zeit, wie es ist, einen Tag oder zwei auf Stufe +10 zu sein.

Leider verfliegt diese wunderbare Empfindung danach wieder. Ich hoffe dann, beim nächsten Klienten wieder ein ähnliches Erlebnis haben zu können.

Ich spreche aus Erfahrung: Anderen Menschen eine wirklich große Hilfe zu sein, macht glücklich.

Im Internet kursiert seit einiger Zeit ein kurzes, etwa drei Minuten langes Video über einen Inder, der seinen Job hingeschmissen hat, um seinen Mitmenschen zu helfen. Narayanan Krishnan ist ein Brahmane, das heißt, ein Angehöriger der obersten indischen Kaste. Als solcher darf er andere Menschen weder anfassen, noch waschen, noch umarmen, noch verpflegen. Aber er schert sich nicht darum. Für ihn sind alle Menschen gleich. Er stellt eine der wichtigsten Fragen überhaupt:

„Was ist der ultimative Zweck des Lebens?
Das Geben.
Spüren Sie die **Freude** des Gebens!"

Ich kann Ihnen dieses kurze Video, das von CNN aufgenommen wurde, nur wärmstens empfehlen. (Geben

Sie einfach Narayanan Krishnan CNN in eine Suchmaschine ein.)

Die Idee ist nicht, dass Sie Ihr ganzes Leben umkrempeln sollen. Aber vielleicht könnten Sie mit kleinen Schritten anfangen, anderen Menschen zu helfen. Das kann zum Beispiel mit einem geschenkten Lächeln anfangen.

Eines Abends stand ich vor der Bibliothek einer therapeutischen Einrichtung, in der ich ehrenamtlich aktiv war. Ich dachte mir, ich möchte ein wirklich, wirklich gutes Buch lesen. Heraus fischte ich das Buch von Dale Carnegie, das ich vorhin erwähnt habe, „Wie man Freunde gewinnt". Ich war von diesem Buch so dermaßen begeistert, dass ich es für mich und für einige meiner engsten Freunde kaufte. Man muss nichts Weltbewegendes machen, um Gutes zu tun. Ich bin aber der Meinung, dass der Flügelschlag eines Schmetterlings die Welt verändern kann.

Vielleicht könnten Sie sich überlegen, was Ihnen in Ihrem Leben schon immer Spaß gemacht hat. Worin waren Sie besonders gut? Denn es steht außer Frage, dass man die Sachen am besten tut, die man zu tun liebt.

Aber ich denke, helfen ist nicht gleich helfen. Sicher finde ich es lobenswert, Geld zu spenden. Jedoch bezweifele ich, dass Sie dadurch glücklich werden. Ich würde es bevorzugen, mir richtig Zeit zu nehmen, um anderen zu helfen. Ich könnte mir gut vorstellen, eine Woche Urlaub zu nehmen, um ehrenamtlich in einer Hilfsorganisation tätig zu sein.

Wichtig ist es aber zu wissen, dass Ihnen diese Arbeit Freude macht. Wenn Sie keinen Spaß dabei verspüren oder sich unwohl fühlen, dann tun Sie es nicht. Wenn

Sie keine Freude daran haben, dann machen Sie mehr, als es für Sie erforderlich ist. Noch mal: Wenn die Freude abhanden kommt und Sie sich schlecht fühlen, dann rutschen Sie in den negativen Bereich und das sollten Sie auf jeden Fall vermeiden.

Um etwas in der Welt zu ändern, braucht es einen Menschen, der einen Mitmenschen überzeugt und begeistert. Beide können dann einen dritten dazu bewegen, auch etwas ändern zu wollen und so kann es weitergehen. Das Ganze kann sich dann wie ein Lauffeuer entwickeln. Das Schlimmste, was passieren kann, ist, dass jemand daran zweifelt, etwas verändern zu können. Wie der Dalai Lama mit einem Augenzwinkern gesagt hat: „Falls du glaubst, dass du zu klein bist, um etwas zu bewirken, dann versuche mal zu schlafen, wenn eine Mücke im Raum ist."

Johann Wolfgang von Goethes Überlegung geht in dieselbe Richtung: „Erfolg hat drei Buchstaben: T U N ."

Der goldene Mittelweg: die egoistische Spiritualität

Für mich bedeutet der goldene Mittelweg: Ich bin altruistisch und helfe gerne Menschen und ich bin gleichzeitig egoistisch genug und schaue, dass es auch mir gut geht. Ich versuche, anderen Menschen zu helfen, so gut ich kann. Aber es muss sich für mich auch gut anfühlen. Das soll auf keinen Fall bedeuten, ich solle mich selbst aufopfern.

Spiritualität ist kein Akt reiner Selbstlosigkeit, aber auch keiner von Egoismus.

Lassen Sie sich Zeit für solch ein Unternehmen. Sie müssen Ihr eigenes, natürliches Tempo berücksichtigen.

Spirituelle Unterfangen können Sie am besten unternehmen, wenn Sie sich richtig gut fühlen. Sie können, wenn Sie sich im negativen Bereich befinden, nichts für andere tun. Sie sind viel zu sehr beschäftigt, Ihre eigenen Probleme zu verarbeiten. Deshalb vergewissern Sie sich, wo Sie sich auf Ihrer Glückseligkeitsskala befinden. Wenn Sie sich auf +3/+4 befinden, sind Sie auf dem besten Weg, Ihr Ziel zu erreichen. Aber ich könnte mir vorstellen, dass man eher auf Stufe +5 oder +7 sein muss, um anderen zu helfen.

Wenn man im negativen Bereich ist und man will anderen helfen, kommt mir das wie ein Helfersyndrom vor. Ich will anderen unbedingt helfen, egal, ob meine Hilfe gewollt oder sinnvoll ist oder nicht.

Am besten kann man sich das bildlich folgendermaßen vorstellen: Ich sehe, wie jemand in eine Grube gefallen ist, und springe selbst hinein, ohne mir zuvor Gedanken zu machen, wie ich wieder rauskomme.

Allerdings kann es nützlich sein, nach seinen Mitmenschen zu schauen. Es wäre nämlich nicht hilfreich, wenn Sie nur nach sich selbst schauen.

Wenn Sie jemandem helfen wollen, seien Sie sich bewusst, ob dies auch sinnvoll und gewollt ist. Es geht nicht darum, dass Sie sich alleine gut fühlen bei dem Unterfangen. Beide sollen einen Nutzen haben.

Vor allem sollten Sie aber aufpassen, dass Sie nicht ausgenutzt werden. Denn es gibt Tausende von Hilfsorganisationen, die Ihre Hilfe brauchen und suchen. Lassen Sie auch hier kein schlechtes Gewissen aufkommen. Es gibt sehr viel zu tun und Sie können nicht überall helfen. Geben Sie anderen Menschen auch die Möglichkeit dazu.

Die Gesellschaft in der westlichen Welt ist dabei, sich zum Guten zu wandeln. Wenn noch vor ein paar Generationen Kinder Angst hatten vor dem Vater, dem Patriarchen der Familie, so merkt man heute, dass die Bindung zu den Eltern von eher freundlicher und liebender Natur ist.

Früher wurde bei der Erziehung fast nur Autorität angewandt, was unweigerlich Strafen mit sich zog, heute sind es eher Erklärungen.

Immer mehr Väter nehmen einen Erziehungsurlaub in Anspruch. Vor einigen Jahrzehnten wäre das undenkbar gewesen. Vor 50 Jahren war die Erziehung der Kinder eine reine Frauendomäne.

Ich bin überzeugt, der Mensch wird in Zukunft besser verstehen, was wirklich wichtig im Leben ist. Ich bin überzeugt, dass der Mensch es schaffen wird, den „Himmel auf Erden“ zu errichten.

Schritt 12: Tu anderen das an, was du willst, das man dir antut!

Hier folgen noch einige Ideen und Denkanstöße, die ich sehr überlegenswert finde:

Der tanzende Shiva

Um es vorwegzunehmen, ich bin kein Hindu. Aber ich finde die Skulptur des tanzenden Shiva sehr aufschlussreich.

Der Tanz hat beim Menschen verschiedene Bedeutungen. Es steht aber außer Zweifel, dass der Tanz positive Gefühle, vor allem die der Freude, ausdrücken kann.

Auf der Skulptur ist zu sehen, wie Shiva tanzt und zu seinen Füßen liegt ein Dämon. Dieser steht für die Dämonen in uns. Sie symbolisieren unsere negativen Charaktereigenschaften wie Wut, Hass, Bösartigkeit und so weiter.

Aber wir können spielend (oder in diesem Fall tanzend) mit unseren Dämonen fertig werden, wenn wir

Freude aufkommen lassen, wenn wir uns im positiven Bereich aufhalten. Ich bin mir selbst mein größter potenzieller Feind. Nichts und niemand kann mir psychisch etwas anhaben, wenn ich es nicht zulasse.

John Lennon

„Als ich fünf Jahre alt war, hat meine Mutter mir immer gesagt, dass Glück der Schlüssel zum Leben ist.

Als ich zur Schule ging, fragten sie mich, was ich werden will, wenn ich groß bin.

Ich schrieb „glücklich“. Sie sagten mir, dass ich die Aufgabe nicht verstanden habe, aber ich sagte ihnen, dass sie das Leben nicht verstanden haben.“ (John Lennon)

Sollte er schon in dem Alter solch eine spirituelle Reife gehabt haben? Jedenfalls kann ich dem nur zustimmen.

In den Himmel kommen

Eine gute Freundin sagte mir einmal: „Wenn ich sterbe, wird Gott doch barmherzig sein und mich in den Himmel reinlassen.“ Jein.

Einerseits nein, so einfach ist das nicht.

Angenommen ich, Armand, bin ein Choleriker, jemand, der wegen einer Kleinigkeit wütend wird. Meine

Bekannten und Freunde kennen mich als jähzornigen und zu Wutanfällen tendierenden Menschen. Wenn ich jetzt sterbe, wird mir Gott nicht in den Teil des Himmels Einlass gewähren, wo lauter freundliche, harmoniebedürftige Menschen aufzufinden sind. Wenn er das tut, ändert er mein Wesen. Den jähzornigen Choleriker Armand gibt es dann nicht mehr. Der Choleriker würde zerstört werden und an seiner Stelle würde ein freundlicher, netter Armand treten. Das wäre aber nicht mehr ich. Es ist wichtig zu wissen, dass niemand bestraft wird.

Will ich aber in diesen Himmel gehen, sollte mir die Atmosphäre von Harmonie und Freundlichkeit eher zusagen, dann habe ich die Möglichkeit, mich darauf hier auf der Erde vorzubereiten. Wenn ich kein Choleriker mehr sein will, kann ich es ändern – und nur ich. Diese Erfahrungen zu machen, sich für die eine oder für die andere Seite zu entscheiden, darum geht es hier auf Erden. Wenn ich überzeugt bin, Freundlichkeit und Güte machen mehr Sinn, wer soll mich davon abhalten, diese Werte schon hier auf der Erde zu erlangen?

Andererseits, ja, es gibt die Barmherzigkeit. Aber die drückt sich eher so aus, dass wir weitere Chancen bekommen, so zu werden, wie wir es wollen oder genauer gesagt so zu werden, dass es für uns am vorteilhaftesten ist. Wir werden wiedergeboren und können neue Erfahrungen sammeln. Es wäre auch nicht möglich, in einem einzigen Leben alle Erfahrungen zu machen. Dies wird durch das Karma auch sehr deutlich. Karma bedeutet eigentlich Ursache und Wirkung. Wenn ich heute Täter bin, werde ich in einem anderen Leben mehr als wahrscheinlich die Möglichkeit bekommen, zu spüren, was es bedeutet, Opfer zu sein. Das hat aber nichts mit Strafe zu tun. Es geht ums Lernen. Wie fühlt sich das an, ein Opfer zu sein?

Aber wir müssen nicht perfekt sein, keiner muss das sein, wichtig ist nur, dass man sich Mühe gibt.

An dieser Stelle möchte ich Ihnen einen letzten Witz erzählen:

Ein Paar in den mittleren Jahren kehrt eines Abends nach Hause zurück. Wie so oft meckert die Frau über den Fahrstil ihres Mannes. Beide sind etwas angeheitert, aber bei der Dame kippt dies in eine gewisse Aggressivität um. Sie nörgelt ständig an ihren Mann herum, der anfängt, seine Geduld zu verlieren. Als die Frau das Lenkrad an sich ziehen will, weil sie denkt, ihr Mann würde auf die Gegenseite fahren, verliert er die Kontrolle über den Wagen. Sie fallen eine Böschung hinunter und überschlagen sich mehrmals. Der Mann ist auf der Stelle tot. Ein Glück, dass Leute aus dem hinterherfahrenden Wagen den Unfall gesehen haben, denn so eilt kurz drauf die Ambulanz herbei.

Als der Mann vor Petrus erscheint, wird er liebevoll begrüßt.

„Um in den Himmel zu kommen, musst du eine kleine Aufgabe erfüllen. Du brauchst nur das Wort Liebe zu buchstabieren."

„Mehr nicht?", fragt der Mann erstaunt.

„Nein, mehr nicht", versichert ihm Petrus.

„Gut, dann L-I-E-B-E."

„Super, war doch ganz einfach", meint Petrus.

„Und ich darf jetzt in den Himmel rein?", fragt der Mann, immer noch ein wenig misstrauisch.

„Ja, das darfst du", ist die Antwort.

Gerade, als er eintreten will, erscheint Jesus und ruft Petrus zu sich. Während derselben Zeit tun Chirurgen auf der Erde ihr Bestes, um das Leben der Frau zu retten.

„Lieber Petrus“, sagt Jesus, „du musst mir kurz bei einer kleinen Arbeit helfen, bitte.“

„Ja, gerne, aber ich kann das Tor zum Himmel doch nicht unbeaufsichtigt lassen, oder?“

„Ach, dann überlass diese Aufgabe dem jungen Mann hier. Wie heißt du?“

„Joseph“, sagt der sichtlich erregte Mann. „Ich weiß aber nicht, ob ich das kann.“

„Ach, das ist doch ein Kinderspiel“, meint Jesus. „Wenn jemand vors Tor kommt, lässt du ihn das Wort Liebe buchstabieren und lässt ihn dann rein.“

„Aber, was ist, wenn er einen Fehler macht?“

„Dann muss er für ein paar Monate ins Fegefeuer und hat danach die Möglichkeit, den Test zu wiederholen.“

„Na ja, das scheint dann wirklich nicht schwierig zu sein“, meint Joseph.

„Eben“, meinen Jesus und Petrus und gehen fort.

Kaum sind sie weg, da kommen die ersten Kandidaten. Alles verläuft reibungslos, sie buchstabieren das Wort korrekt und dürfen reinspazieren in den Himmel.

Aber auf einmal erschien Josephs Frau vor dem Himmelstor.

„Was machst du denn hier?“, fragt sie ganz erstaunt.

„Ich muss für eine kurze Zeit Petrus ersetzen“, kommt die Antwort.

„Was?“ Die Frau fängt schallend an zu lachen. „Du hast in deinem ganzen Leben noch nie etwas hinbekommen und jetzt sollst du so eine wichtige Aufgabe übernehmen?“, sagt sie mit Lachtränen in den Augen.

„So ist es“, meint Joseph.

„Und was soll ich jetzt tun?“, fragt die Frau.

„Du brauchst nur ein Wort zu buchstabieren, und wenn du keinen Fehler machst, darfst du in den Himmel rein.“

„Weiter nichts, das ist alles?“

„Ja, das ist alles.“

„Gut, was ist das Wort?“

„Tschechoslowakei.“

Schlusswort

Ein glücklicher Mensch fühlt sich berufen, seinen Mitmenschen zu helfen, damit sie auch glücklich werden.

Wir haben es in der Hand, den Himmel auf Erden zu erschaffen, und wenn wir es nicht für uns tun, so sollten wir es für unsere Kinder und Kindeskinder tun.

Ich möchte hier noch die Schritte hervorheben, die mir am Wichtigsten erscheinen.

Zuerst sollten wir uns ein oder mehrere Ziele setzen in unserem Leben. Eins der wichtigsten ist: Ich will glücklich sein. Alle anderen Ziele werden danach viel leichter erreicht. Das ist der erste Schritt.

Danach folgt die Idee: Ich will meinen Tag genießen, ich will gut gelaunt sein. Ich habe ein Recht darauf und ich bin der einzige Mensch, der entscheidet, ob ich gut oder schlecht gelaunt meinen Tag verbringe.

Von geradezu überragender Bedeutung ist die Idee, sich im positiven Bereich aufzuhalten, indem man negative Gedanken und negative Gefühle unterbindet und gleichzeitig sich von positiven Gedanken und positiven Gefühlen leiten lässt.

Aber ein theoretisches Wissen reicht nicht. Wir müssen diese Theorie in der Praxis anwenden, ansonsten bleibt das Ganze nur ein Traum.

Mein Anliegen war, eine andere Form der Spiritualität zu zeigen. Eine Spiritualität, die jeder Mensch ohne viel Aufwand und mit Spaß und Freude erreichen kann. Wenn ich mir anschaue, was in der Welt passiert, dann bin ich mir sicher, es wird höchste Zeit, vieles zu ändern. Denn der Materialismus führt uns in eine Sackgasse und niemand wird glücklich. Wenn die Armen durch die Reichen ausgebeutet werden, wird keiner glücklich. Die Armen sowieso nicht und bei den Reichen meldet sich irgendwann ihr Gewissen und dann möchte ich auf keinen Fall in ihrer Haut stecken. Der einzige Weg, der uns wirklich weiterbringt, ist die egoistische Spiritualität.

Wie Sie sicherlich gemerkt haben, basiert meine Methode auf einer wichtigen Komponente, aus der alles andere entspringt: der Liebe. Wenn Sie mich fragen sollten, wieso meine Methode so erfolgreich ist, dann ist die Antwort ganz klar, mit der Liebe kann man alles heilen.

Wenn ich im Endeffekt so erfolgreich bin, dann ist es einzig und allein der Verdienst der Liebe.

Es braucht nicht viel, um eine ganze Welt zu ändern. Ein Satz reicht:

Liebe das Leben
und
lebe die Liebe.

Danksagung

An dieser Stelle möchte ich mich herzlich bei meinen Freunden bedanken, die sich die Mühe gemach haben, mein Buch zu lektorieren, die mir ihre Meinungen mitgeteilt haben und nicht zuletzt mich bei meinem Projekt unterstützt haben.

Vielen Dank Jean-Marc André, insbesondere für deine Hilfe im Zusammenhang mit der Kirche. Durch dich habe ich einige Passagen entschärft.

Vielen Dank Jacques Fisch, du bist dem Fehlerteufel oft auf die Spur gekommen.

Vielen Dank Serge Piticco für deine Kommentare und deine Unterstützung.

Einen besonders herzlichen Dank an Claudia Schreiber, meine Korrektorin, für deine Kommentare und deine Unterstützung.

Der Autor

Armand Luciani, Jahrgang 1959, betätigte sich 25 Jahre lang als Wertpapierhändler und Fondsmanager. Dann schlug er einen neuen Weg ein und absolvierte ein Studium der Psychologie. Seit sieben Jahren betreibt er nun eine Praxis als Psychotherapeut. Armand Luciani hat eine besondere Fähigkeit: Er versteht sich auf geistiges Heilen. Der zweifache Vater lebt in Luxemburg. Er spricht fünf Sprachen fließend, hat außerdem gute Lateinkenntnisse und rudimentäre Kenntnisse in Spanisch. Zu seinen Hobbys zählen das Lesen, das Schachspielen und er hört gerne Musik.